国家自然科学基金面上项目"数字创意产品多业态联动
（项目批准号：71874142）

融合时代的传统文化传承与创新

陈彧　著

九州出版社 | 全国百佳图书出版单位

图书在版编目（CIP）数据

融合时代的传统文化传承与创新 / 陈彧著 . -- 北京：
九州出版社，2023.10
　ISBN 978-7-5225-2199-2

　Ⅰ．①融… Ⅱ．①陈… Ⅲ．①中华文化－研究 Ⅳ．
①K203

　中国国家版本馆 CIP 数据核字（2023）第 179703 号

融合时代的传统文化传承与创新

作　　者	陈　彧　著
责任编辑	云岩涛
出版发行	九州出版社
地　　址	北京市西城区阜外大街甲 35 号（100037）
发行电话	(010)68992190/3/5/6
网　　址	www.jiuzhoupress.com
印　　刷	定州启航印刷有限公司
开　　本	710 毫米 ×1000 毫米　　16 开
印　　张	14
字　　数	200 千字
版　　次	2023 年 10 月第 1 版
印　　次	2024 年 1 月第 1 次印刷
书　　号	ISBN 978-7-5225-2199-2
定　　价	88.00 元

前　言

《易经》云："观乎人文，以化成天下。"诗书礼乐文化积淀，移风易俗，教化天下，以文化人，培根铸魂，在很大程度上体现了"文化"的真谛。中华优秀传统文化之源，乃当代国人修身之所。历史跨越几千年，有些东西却能够代代传承，迄今不变，此即"传统"。

儒家思想涵养了中华民族的入世精神。"为天地立心，为生民立命，为往圣继绝学，为万世开太平。"（张载《横渠语录》）北宋张载道出了中国历代读书人的这种历史使命感与家国情怀，求学问道，此即经世致用。这与马克思主义哲学的"问题在于改变世界"的实践精神是不谋而合的。著者从事媒介与文化研究，以马克思主义文艺学理论为指导，再加上长期浸润于生于斯长于斯的这片土地的文化熏陶，头脑里装的是祖祖辈辈、经史典籍传承下来的关于民族、国家、文化、习俗的集体记忆，立足当下，放眼周遭，十四亿同胞同呼吸共命运，和光同尘。很自然地，在求学与研究路上，著者一直受到一种"文化自觉"的驱动，要把这种具身体验的"传统"当作研究对象来琢磨与思考。

但自知不敢以专业自居，著者非文学、历史学科班出身，文学功底浅，对历史的了解也是戏说多于考据，唯有对当下的媒介环境、网络文化、青少年社群等有长期的关注与考察，因此就有了本书的研究初衷，即在当下这个由多样性的媒体和多元化的文化组成的"融合环境"中，去观察传统文化的适应、变身、嵌入、转化。

面对"传统文化现代转化"这个宏大的问题，与其说我们的传统本身需要转化，倒不如说生存在当代的我们需要转化传统——为了我们自己身份的寻找与认同。认同问题是当今全世界面临的共性问题，已经成为当代社会生活和学术研究中一个极为重要的现象，尤其是在当下正在发生的逆全球化潮流和全球治理重构中，世界进入新的动荡变革期，人类文明正在经历新一轮严峻挑战，社会的"液态"特征加剧。在变动不居的生存世界里，在飞速发展的现代化进程中，能够对"我们是谁，我们从哪里来，我们将去向何方"的问题有清楚的认识，就显得尤其重要，对民族、对国家、对个人来说，都是如此。

党的十八大以来，习近平总书记高度重视传承和弘扬中华优秀传统文化。从"三个活起来"①到"两创"②，再到"两个结合"③，关于中华优秀传统文化传承与创新的重要思想逐渐形成体系。"中华优秀传统文化是中华文明的智慧结晶和精华所在，是中华民族的根和魂，是我们在世界文化激荡中站稳脚跟的根基。"④"在新的起点上继续推动文化繁荣、建设文化强国、建设中华民族现代文明，是我们在新时代新的文化使命。"⑤在如此坚定而清晰的政治话语指引下，文化自觉与文化自信成为当代中国人的集体意识与积极追求。在五千年的灿烂文化积淀中去寻找根和脉，再在当下的土壤中去寻找生枝长叶、开花结果的养分，传统文化的当代生存路径大约就是这样的——在人们需要的建构与表达中，完成它自身的重塑与转化。

---

① 2013年12月30日，习近平总书记主持十八届中央政治局第十二次集体学习时强调："要系统梳理传统文化资源，让收藏在禁宫里的文物、陈列在广阔大地上的遗产、书写在古籍里的文字都活起来。"

② 党的十九届六中全会通过的《中共中央关于党的百年奋斗重大成就和历史经验的决议》，深刻总结了党的十八大以来中国共产党推进文化建设的战略部署和重大成就，强调"推动中华优秀传统文化创造性转化、创新性发展"。

③ 党的二十大报告提出："把马克思主义基本原理同中国具体实际、同中华优秀传统文化相结合。"

④ 2022年5月27日，习近平在中共中央政治局第三十九次集体学习时的讲话。

⑤ 2023年6月2日，习近平在北京出席文化传承发展座谈会上的重要讲话。

　　大小主流媒介与流量平台都在实施传统文化的传播计划，成千上万的自媒体博主将传统文化"爱好者""传承人"等人设作为流量密码来打造，各类官方或民间的传承主体都极力把严肃、古板、冰冷的传统变成形象、生动、有趣的故事来讲，各种产业将传统文化资源视为金矿来深挖与开发，新一代青年唱古曲、穿汉服、学国学、买文创。在文化生产、传播、消费的全过程中，在当代文化的宏观结构与微观实践中，"传统"已汇聚成流、蔚然成风，国学热、汉服热、文博热、文创热等兴起，包罗万象的文化整体被拆解成纷繁多样的文化元素，渗透进当代人的媒介世界与日常生活中。传统文化正经历着各种具有现代特征的转化：商品化、产业化、品牌化、媒介化、数字化、视频化、场景化、仪式化、体验化等。

　　这一场全民参与的"传承与弘扬中华优秀传统文化"的生动实践，自然引起了研究者的关注，被研究者纳入学术视野去考察。在这场以现代观念想象、重塑传统文化的全民实践中，不乏成功的案例——消弭时空的阻隔，让传统与当代人产生心灵的共鸣、精神的共振、灵魂的对话；也有不少"尴尬"与败笔——在消费语境下，因过度追求文化价值的商业变现，而产生文化个性弱化、文化趣味俗化、文化审美泛化等文化变味、失真现象。因此，如何辨析传统文化的精华与糟粕，如何"取其精华，去其糟粕"，仍然是个值得研究的问题，如何寻找、总结出传统与现代的融合路径，也需要科学引导与系统重塑的方法论研究。

　　传统文化博大精深。传承与创新传统文化任重而道远。传承与创新传统文化，是为了让中华优秀传统文化继续蓬勃壮大、光芒四射，照亮人们前行的路。借用北京大学副校长王博在前几日文化传承发展座谈会上的发言："科技一往无前，文化则要'瞻前顾后'。'未来已来'这个词很流行，但不要忘了'过去未去'。……党的二十大报告提出'以中国式现代化全面推进中华民族伟大复兴'的中心任务，这必然包括文化的复兴。贯通旧邦与新命、传统和现代，既是文化复兴的必然途径，也是当代学人的重要使命。"①

　　未来已来，过去未去。过去是人们通向未来的基石，甚至是某种意义上的一个逆向通道。融合时代的传统文化传承与创新，是一个值得我们持续探究的课题。

---

① 　2023年6月2日，习近平在北京出席文化传承发展座谈会并发表重要讲话。座谈会上，北京大学副校长王博教授以《传承中华文明，推进全本〈儒藏〉编纂与研究》为题发言。该发言刊载在《人民日报》2023年6月4日第5版。

目 录

绪论　融合时代的传统文化生存

　　"我在文化中，文化在我心中。"这是周宪、许钧在为"文化和传播译丛"丛书所作总序中，稍稍修改了康德（Kant）的著名公式，用以描述人与文化之间的复杂依存关系的表述。古往今来，关于文化的定义有太多种，文化是生活的花样，是永恒的故事，是人类凝结在器物上的智慧，是在这个星球上行走的方式，是仰望苍穹时的追问，是一切器具、行为方式、思想观念等的符号与文本的总和。但万变不离其宗，文化是化人之文，人是文化之人。人创造了文化，是文化的主体，同时，人又被文化塑造，文化影响着人的生存方式。"所谓文化，究其本质是借助符号来传达意义的人类行为。所以，一些文化学家坚持文化的核心就是意义的创造、交往、理解与解释。"① 从这个核心出发，人类的文化史就是一部利用形形色色的符号与媒介进行意义生产、传播与交往的历史。

　　媒介文化研究学者波斯特（Poster）依据符号转换为意义的结构和方式，认为人类文明发展中的主导媒介形态经历了三次大的变迁：口传媒介、印刷媒介、电子媒介。从口传文化、印刷文化、电子文化一路而来，不同时代的媒介造就了不同的文化情境。文化的生产与传播方式不

---

① 詹金斯. 融合文化：新媒体和旧媒体的冲突地带 [M]. 杜永明，译. 北京：商务印书馆，2012：总序 1.

同，文化自身的形态不同，生存于其中的人类的主体性与生活状态也不一样。口传媒介时代，面对面的在场交流与双向互动造就了同一性的主体，也形成并维系了传统与权威；文字与印刷的发明使得信息的存储与传播可以跨越时空的限制，可以以不在场的对话方式，促成主体的理性反思、批判、怀疑与改写重释，也动摇与瓦解了传统的权威；电子媒介的出现使得吉登斯（Giddens）所言的"脱域"特征更加突出，时空的距离与概念被压缩与重构，世界变成"地球村"，媒介成为人体的延伸，人类可以通过超越身体的信息形态，以身体不在场的形式完成主体间的交往。

我们所处的当下是电子文化发展的一个新阶段——一个与以广播、电视、电影等大众播放型媒介为代表的"第一媒介时代"有所区别的，以电子计算机与互联网技术为核心的"第二媒介时代"。在这个进阶版的电子媒介情境中，以数字技术与无线网络为基础，大数据、云计算、区块链、5G、人工智能、虚拟现实、万物互联等日新月异的新媒体技术，越来越智能化、拟人化、人性化与个性化。信息海量生产，直至爆炸；传播高速，直至"瞬移"；符号虚拟，直至"元宇宙"的产生。人类主体的脱嵌性发展到可以以"虚拟形象"为主体身份，以数字技术构筑的虚拟空间为交流界面，完成意义的交往，实现想象的存在。而且这样的媒介情境成为一张无法避开的背景板，甚至是一个无法逃离的生存空间，高度的媒介化与技术化，以及与之交织同行的市场化与消费化，成为文化的时代语境与生存场域。因此，重温下面这段写于20多年前的文字，虽然所述已成为常识，但著者仍觉得它能精准地描述人们沉浸其中的文化状态："晚近一些有影响的研究，主张把媒介和文化这两个关键词连用，或曰'媒介文化'，或曰'媒介化的文化'。这是一种全新的文化。它构造了我们的日常生活和意识形态，塑造了我们关于自己和他者的观念；它制约着我们的价值观、情感和对世界的理解；它不断地利用高新技术，诉求于市场原则和普遍的非个人化的受众……。总而言之，媒介文化把传播和文化凝聚成一个动力学过程，将每一个人裹挟其中。于是，媒介文化变成我们当代日常生活的仪式和景观。这就是我们所面临的现实的文化情境。"①

显然，在"看着电视长大"的一代人开始步入中年、被称为"数字时代原住民"的一代人开始成为成人的今日，"媒介文化"（或曰"媒介化的文化"）已经不是一种全新的文化，而是这种文化更加深入的一种状态。电视的观看仪式变迁为网络的互动仪式，模拟影像的景观升级为虚拟的数字景观。全球化与互联网的加速发展、媒介传播的碎片化与去中心化，加剧了以消费与娱乐为核心的媒介文化的同质化，当然，也反过来召唤着文化的本土化、民族化、多元化的意识凸显与身份找寻。

"传统"就在上述这样的媒介文化语境中出场。物换星移，沧海桑田，穿透时空的迷雾，从古至今，带着无数的辉煌前世，来到当下早已变换了场景的今生，"传统"应该以何面目示人，应该做何变身，应该如何讲述、呈现、融入与生存？换言之，时空的场景变了，传播的载体变了，文化的机制变了，如果"传统"是一个古人，面对这样的如同旋转的万花筒一般飞速变幻且陌生的当下，会做出怎样的应变与求生选择？如果把文化的传承与创新转化成这样一个拟人化的问题，想来，应该是非常有趣的。

一、融合的时代

曾几何时，"跨界"成为一个流行词语。一些行业精英不再囿于固化的身份与行业边界，尝试寻求多重的身份与多样的合作，一些传统的边界开始软化与模糊。后来，"混搭"与"拼贴"成为文化创意的典型路径，陌生感与新奇性、冲击力与震撼效果来自那些不搭界的组合。当创新驱动成为战略时，"协同"与"融合"成为创新思维范畴的高频词。从"跨界"到"融合"，人们能感知到社会的变革、边界的消融以及一种打破重组、聚合创新的冲动。

---

① 詹金斯. 融合文化：新媒体和旧媒体的冲突地带 [M]. 杜永明，译. 北京：商务印书馆，2012：总序 3.

刘积仁与史蒂夫·佩珀马斯特（Steve Papermaster）在其合著的《融合时代：推动社会变革的互联与创意》一书中，描述了移动互联激发的融合趋势——原有的平衡和秩序在不断被打破，人们因此进入一个更加复杂、更加精彩的世界。在新的世界里，所有的边界都在被逐渐打破，产生新的聚合。"我们看到了企业和消费者的融合、固定网络和无线网络的融合、结构化数据和非结构化数据的融合、虚拟世界和现实世界的融合、管理职位和专业职位的融合、不同行业和企业之间的融合、学习和玩乐之间的融合、平民和精英之间的融合、国家和社区之间的融合。"[①]虽然此书从创意经济的角度，研究商业模式与产业变革，并提出企业应对方案，但移动互联的"超级链接"带来的变革显然已经渗入人们的日常生活乃至整个社会，"融合"不仅指向企业的迭代创新，也关联着社会的全民创新。"融合"已成为一种时代思维，一个通用密码，一个感知、体悟与掌握人们所处时代的关键词。

当代是一个融合的时代。

（一）社会语境：液态社会的融合趋势

"液态社会"的提出者是当代世界著名的社会学家与哲学家齐格蒙特·鲍曼（Zygmunt Bauman）。鲍曼最著名的理念是"液态现代性"（liquid modernity）。"液态现代性""指人与人之间的互动模式，即各种社会关系，处于不断'液化'的状态。液态现代性状况下的人们过的是一种'液态生活'"。[②]

现代社会的重要特征之一就是液态化。现代社会已经从一种坚固、沉重、形状明确的固体状态变为流动、轻盈、千姿百态的液体状态。在2000 年出版的《流动的现代性》中，鲍曼用"固态的现代性、液态的现

---

① 刘积仁，佩珀马斯特.融合时代：推动社会变革的互联与创意[M].北京：中信出版社，2013：213.

② BAUMAN Z. *Liquid Life*[M].Cambridge：Polity Press，2005：3.

代性"这对概念代替了"现代性、后现代性"概念。在前现代性社会，人类以经验为生存的依托，经验的传承与延续稳定而牢固，所以传统社会是磐石一般的固态社会。而互联网和全球化两大力量的来袭，让原有的固态社会形态逐渐式微、崩解乃至消失，构成世界的基底变成了瞬息万变的"流沙"，社会变成一个流体的世界。"在液态现代社会，不再有永恒的关系、纽带，人与人之间互有牵连，但不再注重紧密扣紧，而可以随时松绑。"① 与此关联的还有"不确定性""流动""没有安全感""瞬间生活"等词语。

　　生活在急剧变化和流动的液态社会中，是对变化的接纳与拥抱，自然会引发对速度的追求与崇拜。"快"成为时代特征，"提速"成为人们的终极追求。在"时间密集，空间紧缩"的环境下，时间掌控能力与空间移动能力成为衡量智慧和能力大小的标准。能否以"最短的时间"穿越"最长的空间"，在某种意义上代表着一个人在现代社会的成功程度。曾有"国际自由人"（International Freeman，IF）这样的时髦身份与生活方式流行。"国际自由人"指一群可以在全球范围内自由地选择工作、居住和生活地点的人。这个新群体就是在全球化的背景下诞生的，凭借自身出众的才智和经济实力，能够在全球范围内自由飞翔与移动。

　　急速流动的社会感知与生活体验也会引发个体的孤独、生存的恐惧和焦虑。"生活方式是'流变'的，观念是'流型'的，体验是'碎片'化的，每个人都变成了现实生活场景中的'陌生人''漫游者'和'边缘人'。"② 在此变幻莫测的世界里，自然也会生出对稳定的逆向渴望：在飞快的速度中，渴望缓慢、从容；在向前的旅程中，渴望回到过去的某个地方；在无序的流动中，渴望相遇与聚合；在多元的冲突中，渴望知道我是谁，渴望知来处，知去处。

---

① 鲍曼.流动的现代性[M].欧阳景根，译.上海：上海三联书店，2002：203-210.
② 黎荔.迎向这个液态社会[EB/OL].[2022-05-08].https://www.360kuai.com/pc/989ffbb1ee65094fc?cota=3&kuai_so=1&sign=360_57c3bbd1&refer_scene=so_1.

不论是对速度的崇拜，还是对恒定的渴望，不论是正向的动力，还是反向的张力，都是处于流体中的动力学驱动。液化的形态带来流动的常态，流动的过程必然是分化与融合的无限次循环。世界是平的，中心是空的，边界是软的，脚下是动的，社会与个人在不停地移动与变化中，不停地找寻与张望，不断地划界又跨界，不断地区分又整合，不断地打破又重组，不断地消解又重构。此即液态社会与融合时代的同构。

（二）媒介逻辑：媒介发展的融合规律

一部媒介发展史就是媒介的融合史。媒介形态的演进规律不是新旧的更替，而是新旧的叠加、共存、发展。新的媒介出现，往往是对旧媒介的兼容与完善，如电报之于书信，收音机之于留声机，电视之于电影，互联网之于广播、电视。旧媒介出于自身生存的需要，也会极力地干涉与渗入新媒介，利用自己的优势因素，实现蜕变与重生，从而达到与新媒介融合发展的平衡状态。

1988 年，麦克卢汉（McLuhan）在与儿子合著的《媒介定律：新科学》中提出了"媒介四定律"——提升、过时、复活、逆转（enhancement, obsolescence, retrieval, reversal）。"媒介四定律"被保罗·莱文森（Paul Levinson）誉为"天鹅的绝唱"，缘其精妙地阐释了科技发展导致的媒介更新换代和形态演化。麦克卢汉著作的权威翻译专家与研究专家何道宽教授将其表达为，"一是新媒介的诞生和强化；二是新媒介取代旧媒介并使之过时；三是媒介的推陈出新；四是媒介的逆转"[①]；并且，"给定的媒介通常同时提升、过时、再现许多东西并逆转成许多东西，并且能够提升、过时、再现和逆转成某种东西的媒介也不止一种"[②]。换言之，这一

---

① 何道宽.媒介革命与学习革命：麦克卢汉媒介理论批评 [J].深圳大学学报（人文社会科学版），2000（5）：99-106.

② 莱文森.数字麦克卢汉：信息化新纪元指南 [M].何道宽，译.北京：社会科学文献出版社，2001：272.

"提升—过时—复活—逆转"的过程不是单向递进的线性序列,而是相互交融、彼此磨合的复杂过程,是多种媒介形态进行多元融合的动态流程与系统工程。

时至今日,"新"与"旧"的具体指涉是以计算机网络、无线通信网、卫星通信等为技术基础的各种新兴媒体平台和应用与以报纸、杂志、广播和电视四大大众传播媒体为代表的传统媒体阵营之间的关系。新的媒体不断刷新与改变传播形态,展现出重塑现代生活、经济结构乃至社会与文化形态的惊人力量。而传统媒体作为主导文化的核心阵营,拥有内容生产能力、专业化组织运营、渠道垄断等一贯优势。新旧媒体之间的互涉与协商,在媒介形态的演化规律作用下,在内容、渠道、平台、经营、管理等方面,呈现出复杂的融合发展态势,"媒介融合"成为媒介发展乃至国家传播的战略词语,"融合媒体"成为现代传播的代表形态。

简言之,"融合"成为当前媒介发展的关键词,"媒介"又是当代文化的重要语境,因此一个"融合"性的媒介场景也是人们进行文化审视与研究的基本视域。

(三)产业动力:产业推动的融合创新

文化的商业化、产业化、品牌化发展,是文化在现代消费社会中生存的重要路径。文化软实力成为当代民族与国家的重要竞争力要素。20世纪90年代起,冷战结束,国际竞争从政治、军事竞争转向经济、文化等的更软性与隐性的竞争。美国以"好莱坞"电影工业与"迪士尼"娱乐品牌为代表的文化输出,自然不必赘述。一些老牌的西方资本主义国家也纷纷出于调整产业与经济结构,把文化产业与事业作为国家战略来发展。例如,英国发展以设计、时尚、广告等为主体的创意经济的"创意英国"战略,法国提出保护本国语言与文化资源的"文化例外"主张,加拿大、澳大利亚等国也提出与实施了文化立国的战略。在受到亚洲经济危机与泡沫经济的重创之后,日本、韩国、新加坡等国家纷纷提出与实施了通过文化产业发展来重启经济的发展战略。顺应这一发展趋势，我国也将文化产业的发展上升到国家战略的高度。2011 年，中共十七届六中全会站在经济社会发展全局的高度，对推动文化产业成为国民经济支柱性产业这一重大战略任务做出了全面部署。① "十三五"规划正式确立了"到 2020 年，文化产业成为国民经济支柱性产业"的发展目标。在"十三五"时期，我国文化产业的发展取得了辉煌成就。从北京大学文化产业研究院和国家文化产业创新与发展研究基地发起并联合国内文化产业领域众多研究者共同编撰的《中国文化产业年度发展报告（2020）》《中国文化产业年度发展报告（2021）》等来看，近年来，我国文化产业的发展跨上了一个大台阶，"产业融合"成为关键词。IP 产业链闭环运营成为典型商业发展模式，数字文化产业成为新的发展战略，文化与科技的双轮驱动进一步推进，文化与旅游的深度融合继续发展。《中国文化产业发展报告（2021）》："文化大数据、数字内容、媒体融合、智慧文旅、人工智能、数字文博等领域成为产业融合的新热点，并向文化遗产资源、场馆教育、演艺娱乐、全媒体等行业渗透，不断催生出新场景、新模式、新业态。"

与科技深度融合的文化产业正在改变传统产业的生产方式，既向各种传统行业渗透，又吸纳与刷新着各种场景与业态要素，从而形成开放的、网络化和智能化的新型文化生产体系。这一具有融合特征的产业语境也必然催生融合性的文化创意路径与产消机制。

（四）文化机制：融合文化的产消流程

未来学家阿尔文·托夫勒（Alvin Toffler）在其著名的《第三次浪潮》一书中提出"产消者"（prosumer）的概念。"产消者"最早用于指称那些为了自己使用或者自我满足而不是为了销售或者交换而创造产品、服务

① 新华社.推动文化产业成为国民经济支柱性产业 [EB/OL]. [2022-05-08]. http://www.gov.cn/jrzg/2011-10/22/content_1976036.htm.

的人，即能够参与生产活动的消费者。在当前的媒介文化语境中，由于新媒体技术与平台的不断赋能，以及产业生产组织有意识地引导与利用，消费者（尤其是那些具有强大文化衍生能力与表达冲动的消费者，如粉丝型消费者）不仅仅停留于被动地接受与消费，而是主动追求批评、阐释、传播、改写、衍生、创造等互动、反馈与再生产行为，从而自下而上地影响着文化营销、传播乃至生产环节，成为典型的"产消者"。

媒介文化研究学者亨利·詹金斯（Henry Jenkins）以《黑客帝国》《星球大战》《美国偶像》《哈利·波特》等的产消互动文化现象为基础，提出了"融合文化"①的概念，用以描述新媒体和旧媒体相互碰撞、草根媒体和公司化大媒体相互交织、媒体制作人和媒体消费者的权利相互作用下的一种全新文化样态。这也恰是当前媒介融合与文娱产业打通了产消循环链之后的状态。此外，"融合文化"指涉的不再是割裂的、线性的、静止的文化生产、传播与消费环节，而是一种交织的、循环的、动态的"文化流程"。生产者与消费者的身份高度融合，生产行为与消费行为高度互动，自上而下的专业内容生产需要考量具有高度能动性的消费者，而自下而上的生产性消费行为不断影响着专业生产者的组织形态与生产模式（日本御宅族的同人动漫对日本动漫产业的影响就是一个很好的例证），文化的生产与消费形成一个融合性的闭合循环与创意网络。因此，融合文化的动态流程与产消机制是传统文化在当代社会、媒介、产业语境中生存与发展，要面对的具体文化规则。

二、用于身份认同与话语建构的传统文化

"传统"是与"现代"相对应的一个词语。1840年，英国发动侵华战争，与中华民族的救亡图存历程同时启动的是中国社会的现代化进程。1895年，在甲午战争中，北洋海军战败。同年，清政府创办北洋大学堂

---

① 詹金斯.融合文化：新媒体和旧媒体的冲突地带[M].杜永明，译.北京：商务印书馆，2012：30.

（天津大学前身）；1896 年，创办南洋公学（西安交通大学和上海交通大学前身）；1897 年，求是书院（浙江大学前身）在杭州创办，近代高等教育开启"科学救国"的道路。1915 年，随着《新青年》创刊而兴起的新文化运动，使文学艺术作为文化的核心，成为启蒙和推动中国社会转型的强大力量。1919 年，五四运动爆发。此后，新民主主义革命中的革命浪漫主义与现实主义共同铸就传统与文学艺术发展高峰。中华人民共和国成立后，文化建设面临新局面，"提倡文学艺术为人民服务，启发人民的政治觉悟，鼓励人民的劳动热情。奖励优秀的文学艺术作品。发展人民的戏剧电影事业"（《中国人民政治协商会议共同纲领》）。改革开放以来，我国打开国门，拥抱全球化，与国际接轨，其间的外来文化冲击给一些人带来迷茫。总之，如果说传统像人之有知，那么，颠沛辗转百余年，跟随着现代的步履不停，传统经历过自己的阵痛、断裂、危机与迷茫，也在为自己的重生、在场、言说和复兴努力着。

21 世纪伊始，以《百家讲坛》、国学、汉服等为代表的传统文化热，开始如浪潮般涌现。新时代，传统文化的创造性转化与创新性发展，成为国家战略与时代命题，乃至整个中华民族的文化自觉与文化自信。党的十九大指出："推动中华优秀传统文化创造性转化、创新性发展，继承革命文化，发展社会主义先进文化，不忘本来、吸收外来、面向未来，更好构筑中国精神、中国价值、中国力量，为人民提供精神指引。"传统成为勾画国家精神和民族灵魂的重要笔墨，在构建人类命运共同体的新世界主义图景下，还关乎着文化安全与文化软实力，成为国家综合国力和国际竞争力的深层支撑力量。

越走得远，越要扪心自问、自我反思，我们的国家和民族何在？我们的当下和自我何在？我们是谁？我们从哪里来？我们将往何处去？在这样的语境下，传统成为我们进行身份认同和话语建构之源。我们为什么要复兴传统？为什么要"系统梳理传统文化资源，让收藏在禁宫里的文物、陈列在广阔大地上的遗产、书写在古籍里的文字都活起来"（习近平总书记主持十八届中央政治局第十二次集体学习时所说的话）？在一定程度上，与其说传统需要复兴，不如说我们需要传统。正如一句广告语所说的那样："60亿年的地球不需要我们保护，我们需要保护的，是我们赖以生存的环境。"那些已经消亡的岁月、已经"逝去"的物证，并不需要我们的回溯和复活，我们真正需要寻找和重建的是文化与民族的根脉，是价值和身份的认同，是精神和情感的依托。

作为生活方式的传统已经消逝，而作为精神力量的传统却值得被召唤和激活。进一步，与其说我们需要传统，不如说我们需要的是如英国学者霍布斯鲍姆（Hobsbawm）所言的那样"发明传统"。那么，我们需要"发明"什么样的传统？我们需要的传统是能够被看见的、能够被触摸的、能够被理解的、能够融入当代生活的，是能够彰显我们的价值与认同、能够慰藉我们的心灵、使我们的精神强大的传统。这便需要精神价值的创造性传承，也需要生活方式的创新性重生。

我们需要的传统是在现代语境下，进行变身和嵌入、实现融合和共生的传统。"对于中国社会的现代化进程而言，中华文化的信仰和信念在现代化进程中的重塑，或者说中华文明面向现代社会的再创造，是中国的人文学科的核心任务。"① 传统文化的现代性嵌入是实现传统文化创造性转化、创新性发展的基本前提和有效路径。"使用多元的思维模式将一些传统中的符号、思想、价值与行为模式加以重组或改造，使经过重组或改造后的上述元素变成有利于变革的资源，同时在变革中得以继续保持的文化认同。"② 在这个过程中，传统究竟如何变身、嵌入、融合、共生？传统变身、嵌入、融合、共生的规律和路径是怎样的？由于文化发展的内生动力，以及产业的驱动、媒介的力量、消费的逻辑，当今的文化呈现出怎样一种生机勃勃的局面和样态？此即本书将致力探讨的问题。

---

① 王永健，王杰.走向田野的审美人类学研究：王杰教授访谈 [J].民族艺术，2021（3）：121-129，168.

② 林毓生.政治秩序与多元社会 [M].台北：台湾联经出版事业公司，1989：388.

三、变身、嵌入、融合：传统文化的当代生存路径

"七夕情人节"也许是一个有趣的例子。七夕节是中国民间的传统节日，本是源于对牛郎、织女自然天象的崇拜。上古时代，人们将天文星区与地理区域相对应，这种对应关系，就天文来说，称作"分星"；就地理来说，称作"分野"。《史记正义》："南斗、牵牛、须女皆为星纪，于辰在丑，越之分野，而斗牛为吴之分野也。"《开元占经》卷六十一引石氏曰："牵牛生于列泽之邑，以主越国。"也就是说，牵牛星是吴、越之地的分野星，"牵牛""婺女"最初的含义是粤地用以作天文星区对应地理分野的"分星"。婺女星后来衍化成神话中的女神，民间称之为七姐、天仙娘娘、七星娘娘、七娘妈等。她是编织云彩者、纺织业者，是情侣、妇女、儿童的保护神，七月初七是其诞辰。七夕节由星宿崇拜衍化而来，又是传统意义上的七姐诞，因向七姐祈福活动在七月初七晚上举行，故名"七夕"。

七夕节起始于上古，普及于西汉，鼎盛于宋代，传承至今。悠悠岁月变迁，加之中国广袤的土地上各地域存在差异，各地的七夕节的内涵与习俗也存在差异。例如，七夕节具有七巧节、七姐节、女儿节、乞巧节、小儿节、穿针节、七娘会、七夕祭、巧夕等诸多别称，形成了祈福许愿、乞求巧艺、七夕观星、拜织女、祈祷姻缘、种生求子、储七夕水等五花八门的习俗。七夕节的这些习俗大致以七姐这一神话人物为中心，以女性和儿童为活动主体，以女性、儿童的祈福许愿（女红、姻缘、生育、健康等）为主要内容。在这样一个庞大而丰富的节日习俗体系中，乞巧（向七姐这个天上的织布能手乞巧，乞求她传授心灵手巧的手艺，也是借机展示女性技艺的"斗巧"）是这个节日的缘起、重心和本意。

然而，时至今日，七夕被贴上了"中国情人节"的标签。在七夕含义、典故、民俗中，曾经作为节日重心的"乞巧"主题被淡化，那些寄

生在逝去的生活方式中的习俗被遮蔽，而牛郎、织女的爱情传说却被充分挖掘出来，"鹊桥相会"的故事情节被凸显和放大。七夕节被赋予浓重的浪漫色彩，从一个拜神女的综合性祈愿节日变成了一个以民间传说为载体的象征性爱情节日，从一个以女性和儿童为活动主体的民俗节日变成了一个以情侣为主体的媒介节日、商业节日。而且，这种象征具有明显的区隔意味：这个"情人节"是"中国情人节"，是区别于"西方情人节"的一个特殊节日。曾有一段时日，由于商业的营造，国人热衷于过情人节、圣诞节等"洋节"，甚至过洋节的氛围比中国传统节日更浓厚。不难理解，在经济全球化的过程中，来自强大经济体的文化也会对所到之地形成入侵和扩张之势，而本土文化在面对这样强势来袭的外来文化时，难免会受到一定的冲击，当然也会产生应激反应和对抗。于是，当西方情人节在国内流行之后，我们在遭遇外来文化入侵之时的应激机制开始产生作用，"七夕情人节"作为一个与2月14日"西方情人节"对应、对立的节日文化符号，先在媒体中出场。在20世纪90年代末、21世纪初，一些具有主流权威效应的报刊媒体相继发声，讲述我们也有自己的情人节文化，讲述七月初七牛郎、织女鹊桥相会的中国爱情故事。进入21世纪以来，传统文化复兴的热潮涌现，继而是国风国潮的流行，国人要重建文化认同和自信，这种声音已汇聚成一种当代的反思性集体话语，继而催生出七夕中国情人节的新民俗。至此，"七夕情人节"完成了一个传统的"发明"。它是传统，但又是经再阐释、再发明的传统，是国人对自我身份的重新找寻和话语建构，是一种变身之后，嵌入当代的新民俗。诸如此类，我们的传统在当代的生活和文化语境中，究竟以何种方式得以存续、再生，并被我们切身体验，继而代代相传，传统的变身、嵌入、融合路径是什么？这值得我们去研究。在当代商业文化与媒介技术下，文化的产业化、消费化、媒介化、数字化、大众化等已成为人们观察文化现象、审视研究问题的基本背景。因此，人们从文化的生产、传播、消费三个方面，可以看到传统文化传承与创新的三类不同路径。文化产业化生产、媒介化呈现的传播之变、参与式文化消费，都将为传统文化的当代生存提供方法与出路。

（一）文化产业化

文化的产业化生产是后工业社会的新型文化发展方式。在消费社会与消费文化背景下，发展文化创意产业成为文化再生产的主要途径。文化创意产业是指依靠创意人的智慧、技能和天赋，借助高科技对文化资源进行创造与提升，通过知识产权的开发和运用，生产出高附加值产品，具有创造财富和就业潜力的产业。在文化创意产业的逻辑下，文化作为资源与资本存在，作为故事得到再现，作为 IP 与品牌得以变现和盈利，文化的创新与生存通过产业生产与创意表达的方式实现，文化成为产业生产力、国家软实力，文化创意成为产业实力与国家实力的体现。

面对本民族的、本土的文化金矿，我国掀起了文化产业化开发热潮。挖掘一种文化资源，提炼一些文化符号，寻找当下流行的媒介载体，将传统故事讲述成符合时尚审美的故事，打造出能够让当代人进入的场景，这是进行文化创意，发展文化创意产业的一种典型路径。当然，在这一路径的探索与实践中，文化与经济成为天平两侧的砝码。究竟是文化通过经济得以传承，还是经济利用文化得以增长？看起来，文化和经济是同一枚硬币的正反面。但是文化创意的目的与手段不同，文化创意产业的发展方向也就不同：若文化创意以发展经济和盈利为目的，则往往会出现"文化搭台，经济唱戏"的情况，文化在商业中被异化、物化、遮蔽；若文化创意以传承和创新文化为目的，且不论创意优劣，产业是否成功，则至少会尊重文化，延续文化本初，使传统文化焕发出新的活力。

叶舒宪在《文化与符号经济》一书中谈道："今日的中国文化产业面临的主要问题是什么？就是'产业有余而文化匮乏'的问题。换言之，我们有国家给予的倾斜政策支持，也有金融资本的鼎力相助，而缺少的恰恰是对'文化资本'的自觉锤炼。……核心问题是全体从业者如何尊重本土传统文化资源，实现文化再启蒙和再教育的问题。"既然文化的商品化、产业化、消费化成为文化在当代获得生存的典型路径，那么在这条路径中，面对博大精深的中国传统文化，我们要找到一种或者一套方式，延续与守持我们的传统文化价值、民族文化精神，破解与激活深藏于历史与文化记忆中的复杂密码，把文化变成经济，把经济变成美学，让传统成为增强文化软实力的重要支柱力量，这是我们必须思考和完成的重要任务。

（二）文化的媒介化呈现

诚如麦克卢汉所言，任何媒介的内容都是另一种媒介。例如，电报的内容是文字，文字的内容是言语。在媒介技术突飞猛进、媒介形态层出不穷的今日，麦克卢汉在半个多世纪前的断言仍然行得通："文学是戏剧的内容，戏剧是影视的内容，影视又是电子游戏的内容……。"① 或者说，当各种媒介在叠加融合之时，内容也在跨媒介流动，从文字的到图像的、声音的、数字的、虚拟的、互动的……直到'元宇宙'的概念与实践兴起，综观今日媒介场域，在技术和产业的驱动下，媒介成为内容的黑洞，也成为文化的磁场。换言之，这个"内容的黑洞"与"文化的磁场"中，蕴藏着文化的传播之变。如果说在口传时代，不被言说的文化内容，就会遭遇失语，在文字与印刷时代，不能书写的文化内容，会被文字的"烛照"遮蔽，在图像时代，未能成像的文化内容，将不被"看见"，那么，在今日新媒介中，那些不能进入数字新空间被呈现、被看见、被体验的文化内容，在一定程度上，也将被媒介之光后背的阴影笼罩。

在某种意义上，有些传统已经逝去，成为人们的记忆与想象。媒介成为人们回忆、想象的重要工具，有时候甚至是记忆与想象本身。人们

---

① 麦克卢汉．理解媒介：论人的延伸 [M]．何道宽，译．南京：译林出版社，2011：77-81.

可以通过数码绘画想象《山海经》的奇物、异兽，通过影视剧造型看见《西游记》中的妖的形象，通过综艺节目了解历史故事，在电子游戏中扮演历史人物，等等。2022 年 9 月，在山东济南举办的第三届中国国际文化旅游博览会上，在由虚拟数字技术创建的交互场景中，参观者可以画出一幅独一无二的《千里江山图》，存在于古文献和古画中的李清照、辛弃疾被呈现为具有电影机复原效果的全息影像，参观者可以与数字古人形象进行聊天。

媒介开辟了一个新的空间，它有别于现实物理时空，且日益延展，甚至在一定程度上模拟、替代现实物理时空，继而衍化出一个虚实融合的新场域。在这个场域中，人们的日常生活、公共空间、节日庆典等，都在不断地被赋予新的内容、新的规则、新的仪式以及新的意义。传统经由媒介而再现，从故纸堆、民间传说、文物、山河遗址到可闻可见的媒介故事和可观可玩、可行可游的媒介世界，在如火如荼的媒介化表达实践中，有许多叩响了当代人心灵回声的惊艳之作，也有不少败笔。其中奥秘与成败规律值得人们去关注，去探索，去总结和反思。

（三）参与式文化消费

如今，商品化、产业化成为文化生产的途径，文化消费成为文化认同的主要途径。波德里亚（Baudrillard）对当代做了这样的描述："今天，在我们的周围，存在着一种不断增长的物、服务和物质财富所构成的惊人的消费和丰盛现象。它构成了人类生存环境的一种根本变化。恰当地说，富裕的人不再像过去那样受到人的包围，而是受到物的包围。"① 在这种富人被人包围到富人被物包围的时代变迁中，人们对物的符号价值进行消费，通过消费认同物的符号价值。商品成为被认同的符号体系，消费行为成为重要的认同路径，尤其是中产阶层的形成和崛起使风格文化与风格社会形成。从某种意义上来讲，风格文化就是一种符号消费和

---

① 波德里亚.消费社会 [M]. 刘成富，全志钢，译. 南京：南京大学出版社，2014：1.

物恋文化，即人们通过对物的选择和使用来进行自我贴标签与他者识别，进而产生风格的差异化、部落化、阶层化。

互联网与数字技术提供了用户生产内容（user generated content, UGC）的平台，赋能大众消费者，产业生产者、媒介组织等更加重视民众智慧，将消费者的"生产性使用"纳入开放性的生产系统，消费者的能动性得到前所未有的增强。他们可以公开评判产品和内容，展现出很高的专业水平和审美鉴赏能力。那些忠实拥趸成为产品的天然营销者和代言人，同时可以进入生产环节，参与产品设计与内容创作，贡献出源源不断的灵感和智慧。

如果说传统经由产业而再生，经由媒介而再现，那么它进入消费这一场域中，才真正被"再发明"，尤其是在当代青年中，有一群"国风""国潮"爱好者。他们或消费国货，或追捧古装影视剧、国风游戏与动漫，或穿汉服、听古风音乐，或看传统文化综艺与纪录片，或喜欢历史、文物、古典舞、国学等，同时，不仅购买与使用文化产品，还进行生产性使用，对这些文化产品与内容进行阐释与再创造，进行分享，结识共同爱好者，形成爱好者社群部落，用某种传统文化的粉丝身份，标榜自己的个性、品位与身份，以及对文化母体的认同。在这些青年中，传统以一种特殊的方式，融入当代日常生活，成为时尚。传统也重塑青年人的文化记忆，甚至衍生出新的文化，实现传统的"再发明"。本书也将重点考察这些消费者的"产消"融合行为，进而从中窥探传统实现传承与创新的大众路径。

上篇 文化生产之路："传统"经由产业而再生

第一章　产业融合："IP"模式
与传统文化的产业活化

　　产业链是产业经济学中的一个概念，是各个产业部门基于一定的技术、经济关联，并依据特定的逻辑关系和时空布局关系，客观形成的链条式关联关系形态。文化创意产业也有自己的产业链与生态关系。从内容资源要素的流动方向来看，基于文化资源的内容开发与创作是上游产业，影视、动漫、游戏等的制作与呈现属于中游产业，基于各种媒介的产品的品牌衍生、文创周边、文旅开发等是下游产业。基于这样的"上游—中游—下游"产业，一种以知识产权（Intellectual Property, IP）为核心的全产业链模式成为文化创意产业的典型生产方式与商业模式。

一、文化创意产业的 IP 模式与故事世界兴起

　　IP 即知识产权。内容产业也是版权产业。内容因版权而实现经济目的。但近年来，IP 这个词语超越了字面意思，成为描述对文化内容进行产业化开发的代名词，且被广泛借用或混用。具有开发潜质的文化资源可被称为 IP，具有一定知名度和一定粉丝的文化内容或文化产品碎片也被称为 IP。那些获得了长期生命力和巨大商业价值的文化产品、故事、符号、品牌等被赞誉为超级 IP。多维度开发和跨媒介运营成为评价 IP 的

标准。人们判断一项内容是不是 IP，可以看它是否能够仅凭自身的吸引力，挣脱单一平台的束缚，在多个平台上获得流量，进行分发；衡量一个 IP 是否称得上超级 IP，可看它是否已经完成跨平台、跨品类或跨行业的生态延伸，看它是否在其原生行业领域已经占据了领先地位。

围绕某一个核心 IP，致力于打破媒介之间的阻隔，进行全产业链的开发，成为一种典型的文化生产模式与经营理念。人们通常以小说、漫画等文本故事（甚至还可以是某个概念、形象等）为源头，进行影视制作，再进行游戏、周边衍生品、主题公园等的开发。成功的 IP 开发是完成从文字到影像的变身，从虚拟到现实的穿越。当然，这种 IP 开发热潮也包括产业链两端的产品和项目流动，甚至包括从链条的任意节点出发的跨平台的产品与项目流动。一方面，媒介端致力于将媒介故事推向衍生品和主题公园，例如，著名的好莱坞模式、迪士尼模式以及国内的诸多影视文娱 IP 皆是如此；另一方面，文旅端热衷于使文旅项目、文创产品等衍生出媒介故事，例如，《变形金刚》是从美国孩之宝的玩具产品衍生出的动画片与系列电影，国内的坚果品牌"三只松鼠"在获得了巨大的产品销售和品牌效益之后，推出了讲述"三只松鼠"故事的动画片。虽然松鼠 IP 的形象与故事成功与否有待商榷，但其折射出在 IP 热潮下，众多商家想使产品与项目跨产业流动的雄心。

与 IP 热潮对应的是，跨媒介叙事也成为一个逐渐升温的热点，频频出现在业界实践与学术话语中。简单梳理相关研究，可发现人们对跨媒介叙事的研究有两种范式的侧重：一是文化研究的范式，即在后经典叙事学的范畴中，研究文字之外的各种媒介（如图像、影视、舞蹈、音乐、建筑、空间等）的叙事可能性和合理性，探讨文字叙事与其他媒介叙事的关系（如语图关系、文图关系、文学与音乐的关系等），考察各种跨媒介叙事现象（尤其发生在文学中的跨媒介叙事现象）。① 如果说这种叙事

①　　王瑛. 回顾与展望：跨媒介叙事研究及其诗学建构形态考察 [J]. 中国文学研究，2016（4）：16-21.

学层面的研究是将跨媒介视为叙事的基本属性，致力于考察各种媒介样式的叙事特征，以及同一个文本内部包含的不同媒介的共同叙事，那么另一种产业研究的范式则是立足当代娱乐工业的跨媒介经营模式，着重研究同一个文本如何在不同媒介之间进行流动与发布。

2003年，时任麻省理工学院比较媒介中心主任的亨利·詹金斯提出"跨媒介叙事"（transmedia storytelling）的概念："跨媒介叙事是这样一个过程：将故事的所有要素系统化地通过多个发布渠道传播出去，以打造统一协调的娱乐体验。每个媒介都对故事的创建做出自己独特的贡献。没有哪个单独信息源可使观众得到理解故事的所有信息。"① 此概念在詹金斯2012年出版的专著《融合文化：新媒体和旧媒体的冲突地带》中得到系统阐释和发展。② 这个概念跳出了第一种范式中的传统跨媒介叙事的文艺理论框架，将跨媒介美学与跨媒介经营相结合，勾勒出一种新的内容创意经营理念。③

产业视域下的跨媒介叙事主要集中在故事世界、媒介协作、受众参与三个方面，对应的IP运营主要解决IP如何生成、如何开发、如何消费这三个问题（图1-1）。国内文娱IP运营的主要问题在于，IP模式被喊得火热，一切皆IP，IP动辄在全产业链铺开，但变现道路坎坷不断，甚至失于口碑，而能够积淀出品牌认同、具有一定影响力与传播力的文化符号屈指可数。究其原因，国内文娱IP运营大多在IP的开发与消费两个环节用力，即在媒介协作与受众参与两个方面用力，甚至在这两个方面，尚停留于文本改编、一源多用、重复叙事、媒介转译、流量变现等浅层次运作，对IP的生成，即打造故事世界这个环节，更是缺乏匠心运作与

① JENKINS H. Transmedia storytelling: Moving Characters from Books to Films to Video Games Can Make Them Stronger and More Compelling [J]. *Technology Review*, 2003（1）：17-24.

② 詹金斯. 融合文化：新媒体和旧媒体的冲突地带 [M]. 杜永明，译. 北京：商务印书馆，2012：153-206.

③ 于文. 论跨媒介叙事的版权问题与对策 [J]. 出版科学，2016，24（2）：20-24.

深入思考，多行"拿来主义"，即从文学经典、网络小说、流行文化等内容中取得具有流量价值的 IP，并直奔商业变现而去。

图 1-1　IP 运营环节与跨媒介叙事的对应关系

本章聚焦 IP 生成环节的"故事世界"概念，以亨利·詹金斯、玛丽－劳尔·瑞安（Marie-Laure Ryan）等的跨媒介叙事理论以及国内外成功 IP 运营案例为参考，尝试对故事世界做一些"是什么"与"如何做"的思考，在此基础上，对当前国内热门的"传统文化资源的 IP 化开发"亦进行一些策略探讨。

在《融合文化：新媒体和旧媒体的冲突地带》一书中，亨利·詹金斯断言："叙事日益成为一种世界架构的艺术。"IP 运营越来越青睐开放性的故事世界导向，而非传统的封闭情节导向。概因故事世界可提供一个可供不同媒介文本发挥、可供受众自由玩赏的广阔场域，也能赋予 IP 更旺盛与长久的生命力。是否能够营建出一个故事世界（宇宙），成为衡量一个 IP 是否能够成功实现全产业链开发与跨媒介叙事的标准。

故事世界导向的 IP 故事以宏大的世界观、众多的人物角色、时间跨度大、人物创作空间广等为特点，且宏大故事世界里的故事不仅相互独立，也彼此依存，故事之间有着千丝万缕的联系。一个成功的故事世界可以让各种各样的媒介从中挖掘不一样的故事，并且故事与故事之间并非简单的系列或续集的关系，不同的故事构成一种可供消费者自由玩赏的虚拟性的广阔场域，构成一个提供诸多可能的开放性的想象空间。正如玛丽－劳尔·瑞安在其《故事的变身》中所说："跨媒介叙事不是一个故事系列；它讲述的不是一个单独的故事，而是一些包括各种文本的独立的故事或剧集。让这些故事汇集起来的原因，正是它们都发生在同一个故事世界里……跨媒介叙事不是一个像拼图一样把故事拼凑起来的游戏，而更像是引导你进入你所喜爱的世界的一趟旅程。"换言之，一个故事世界能够为人们提供的体验，还可以借用一种中国山水画的意境来描述：它不仅是可观、可望的，还可以是可行、可居的，甚至是可游、可玩、可钻、可探的；它不仅是对一个已完成的文本的被动阅读、接受，还可以是对一个流动文本的不断补充与追逐、对一个想象世界的逐步构筑与延伸。

那些成功的超级 IP 皆成功地营造了一个独特而广阔的故事世界。例如，漫威漫画公司在其漫长的发展过程中，不断通过各种故事情节的串联完善超级英雄的出生、成长和人生经历，还让超级英雄相互串门，打造了一个庞大而复杂的"漫威宇宙"。《哈利·波特》从小说、电影到主题公园，影响了不止一代人，表现的是一个关于巫师与魔法的神奇世界。《星球大战》系列开创了一个与现实世界不同的、史诗般的太空世界，被誉为"北美神话"。日本三大民工漫画《火影忍者》《境界 BLEACH（死神）》《海贼王》皆各自构建了一个奇幻世界，并完成了世界观的构建和故事世界的完整阐述。这些故事世界不仅支撑了庞大而丰富的跨媒介文本体系，还吸引着各路粉丝的探索与游玩。例如，《星球大战》的跨媒介文本体系就很庞大，如《星球大战》粉丝小说、与电影系列同名的小说以及上百种外传。

故事世界导向的 IP 运营模式在生产、传播与消费这三个环节，分别还暗含下面三种导向。

（一）形象先于故事的生成顺序

IP 运营的基本逻辑是最大限度地实现一个内容源的跨产业与跨媒介开发。故事的设定总会囿于特定的场域，故事的叙说总会告一段落，但一个成功的角色形象却能够轻松走出故事，穿越时空，自由出入各种媒介，融入各种消费场景，获得绵长的生命力。例如，"美国队长"的故事诞生于第二次世界大战时期，但"美国队长"这个角色却可以穿越到今天；代号"007"的特工詹姆斯·邦德（James Bond）在半个多世纪里的电影系列里永远年轻，即使饰演这个角色的演员已经一代一代地更替、衰老，甚至逝去；皮卡丘变身大侦探，《精灵宝可梦：大侦探皮卡丘》票房与口碑皆平平，但这不妨碍这个拥有巨大粉丝流量的虚拟偶像投身于下一个故事。由此可见，可视化的角色形象（无论是真人形象，还是拟人形象）比故事本身更接近 IP 的核心。如图 1-2 所示，IP 的基本要素由外向内层层包裹，形象既是承载价值观的重要载体，又是演绎故事的重要主体，遂成为 IP 进行跨界开发的落脚点。

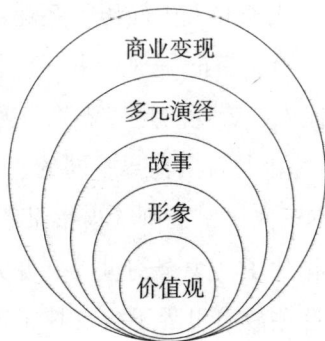

图 1-2　IP 基本要素的洋葱模型[①]

在 IP 生成过程中，形象可能先于故事生成，这种模式在当前的影视编剧环节屡见不鲜。例如，《加勒比海盗》系列电影的制片者在看到迪士尼乐园的加勒比海盗主题游乐项目后，先设计了一个具有疯癫气质的海盗形象，之后才围绕这个形象进行系列故事开发。

（二）从讲述到展示的叙事重心偏移

讲述与展示是叙事艺术的不同表现形式。一般而言，小说必须通过

---

① 　此洋葱模型图由向勇、白晓晴根据对腾讯互动娱乐市场平台部副总经理戴斌的专访梳理得出。参见：向勇，白晓晴．新常态下文化产业 IP 开发的受众定位和价值演进[J]．北京大学学报（哲学社会科学版），2017，54（1）：123-132.

文字虚构传达信息，是以讲述为主的叙事。与文学相比，大部分媒介叙事，如戏剧、电影和电子游戏等，是直呈式的，侧重于展示，或讲述与展示并重。①

从讲述到展示的叙事策略偏移，是经典叙事学与跨媒介艺术结合，进行更广阔的叙事的一种转向。随着媒介技术的日新月异，传统的文字文本可以转化为绘画、摄影等静态图像叙事，可以转化为以电影、电视剧为代表的影像叙事，还可以转化为以微视频、电子游戏、虚拟现实等为代表的新媒体叙事。在今日跨媒介叙事的语境中，封闭、静态、被讲述的小说文本呈现为开放、流动、碎片化、沉浸式、交互式的叙事空间。在多媒介的协作下，平面化的小说世界摇身变成了立体而鲜活的故事世界。换言之，这些偏重展示的媒介（影像媒介、电子媒介、数字媒介、交互媒介等）崛起，给故事世界带来了层出不穷的可能性，也为IP的自由发展与开发提供了广阔空间。

（三）从阅读到遨游的消费转向

与上述两个环节的变化相对应，在IP消费环节，出现了从阅读到遨游的接受转向。被讲述的平面文本变成了被展示的故事世界。那么，曾经的故事读者将变成故事世界的遨游者。哲学家萨特（Sartre）说过："人类一直是说故事者，总是活在自身与他人的故事中。"人们对故事的接受方式从远古时代的听转变为文字时代的读，再转变为大众媒介时代的看，甚至在新媒介时代，人们还可以以一种"我在故事中"的方式来体验故事，如虚拟现实（Virtual Reality, VR）叙事。这种"我在其中"的全方位沉浸、代入与参与，也许能诠释与满足萨特所言的"活在自身与他人的故事中"的体验需求。当遨游体验成为故事受众的重要需求，人们将不再

---

① 黄灿.讲述与展示的诗学：跨媒介叙事的两条路径[J].文化与诗学，2017（1）：188-206.

满足于阅读和观看某个封闭的故事，而是期望成为某个"可能世界"① 的漫游者。人们想看的也许不再是《肖申克的救赎》这样的传统好故事，而是漫威系列这样的永远未完待续的故事。人们关注的也许不再是严谨叙事，而是通过故事，与形象（角色）产生交流与互动；人们期待的也许不再是完美情节，而是充满迁移线索和彩蛋的游戏场域。虽然经典叙事学领域发出"何处是结尾"的故事危机感叹，但这种对故事世界的遨游恰是液态社会中，处于流动不居状态的故事受众对故事的特有审美与体验需求。

再从消费回溯与反观：消费驱动生产与传播，形象先于故事生成，影像化、游戏化叙事流行，讲述的叙事性让位于展示的沉浸感；生产与传播指引消费，故事的生产者和运营者纷纷支持粉丝经济与粉丝文化的发展。至此，以故事世界为导向的 IP 运营在生产、传播和消费三个环节实现了逻辑闭合，以某个 IP 为核心的故事世界在这个闭环上，被不断地构筑、复写、加强，终成"宇宙"。

二、故事世界的洋葱模型与传统文化的 IP 化路径

故事世界的兴起已成现象，故事世界导向成为 IP 运营的共识。但何为"故事世界"？一个完备的故事世界应包含哪些要素？常被述及的宏大世界观、众多人物角色、大跨度时空等要素，以何种方式和结构呈现与组合？如何架构一个故事世界？此种对故事世界"是什么"与"如何做"的问题的深入探讨，尚存空间。著者尝试借鉴前述"IP 基本要素的洋葱模型"，描绘出故事世界基本要素的洋葱模式，如图 1-3 所示。

---

① "可能世界"这个概念是由 17 世纪数学家和哲学家莱布尼茨（Leibniz）最先提出的。20 世纪中期，西方逻辑语义学家把"可能世界"的思想运用到语义研究领域，将其发展为可能世界语义学，以解决与模态断言相关的形式语义问题。20 世纪 70 年代，文艺理论家把哲学的可能世界理论应用到文艺理论中，为研究文学话语的真值问题和指称问题提供理论框架。近年来，国内外研究者多从虚构性与真实性的角度考察可能世界理论在文学理论中的应用。本书借用"可能世界"的概念来指称"故事世界"。

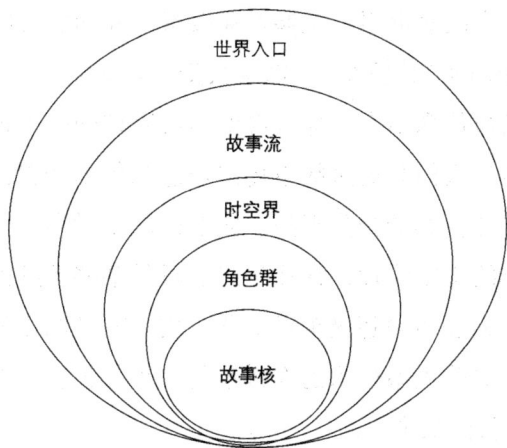

图 1-3 故事世界基本要素的洋葱模型

故事核是某些支撑故事世界运行的基本力量的结晶，故事世界里的角色应成群，时空场域应成界，故事情节汇成流，甚至世界入口也不应是单一的通道，而是故事世界能够与外界（现实世界以及其他的可能世界）互通的一个多维界面。这五个要素从里到外，是故事世界生成的先后顺序；从外到里，则是故事世界的外来遨游者逐层进入故事世界进行感知与沉浸体验的先后顺序。

（一）故事核

宏大的故事世界纷繁复杂，自由流动，需要有一些恒定的元素作为内核，这些元素起到稳定故事世界的作用。有了这些恒定的元素，故事世界才能形散而神不散。关于故事核的内涵，人们通常认为，故事核应该包含两部分，即核心世界观和核心文本（元故事）。核心世界观是故事世界运行的一系列价值原则或预设结构，包括故事世界的价值观、时空场域、叙事逻辑、运行准则等；核心文本（元故事）是对故事世界的建构最具贡献值以及在市场上最具声望值的一个元故事。[①] 著者认为，故

---

① 陈先红，宋发枝. 跨媒介叙事的互文机理研究 [J]. 新闻界，2019（5）：35-41.

事核能够统摄整个故事世界，能够贯穿故事世界的所有跨媒介文本的应当是核心世界观中的"价值观"。时空会变，叙事会变，主角会变，规则会变，唯有情感与信念不变。那些看似不会完结的故事世界并不是永续的，真正永续的是人们对通过故事传递信息和传承经验的需求，以及对故事承载的秩序和情感的强烈渴望。复杂的故事世界、一个接一个的情节、一个接一个的文本碎片，往往传递的只是某些单纯的秩序与炙热的情感，如漫威漫画公司的超级英雄文化、皮克斯动画中呈现出来的生命热情，以及迪士尼公主系列永远在讲述的一个像公主一样的女孩儿应该如何完成自我成长的故事。

（二）角色群

一个成功的 IP 形象能够承载一种价值观，支撑起一个或一系列故事文本。一群成功的角色形象能支撑起一个故事世界。在 IP 运营的逻辑下，既然形象是优先于故事的要素，是进行跨界开发的重要落脚点，那么在故事世界中，接受聚光灯的焦点照射的就应该是一组角色。这些角色代表着不同的原型，有不同的爱恨与梦想，都有自己的英雄之旅，都能演绎出一片属于自己的天空，都有粉丝。如此，多个角色和故事线编织出一个叙事网络、一个丰富多彩的故事世界。因此，角色形象成群，是故事世界（宇宙）的一个重要特征。近年来，漫威系列被视为 IP 运营与跨媒介叙事的典型代表：五花八门的超级英雄可以凑成一张集体大合照，每一个角色都有自己的故事系列，都自成 IP 产业链。多个角色聚合（《复仇者联盟》系列电影体现了角色聚合），在错综复杂、千丝万缕的关系中互动，编织成故事网，才成就了"漫威"这个超级 IP。

（三）时空界

在经典叙事学里，人物、情节、环境是故事的三个基本要素。人物的活动、情节的发展需要具体的环境来承载，环境是为人物和情节服务的。但故事世界的概念翻转了时空与叙事之间的关系，即先有世界，再有故事，或者说时空在先，叙事在后。一个精心设计的时空场域有清晰的时间线索和空间坐标，有可追溯的历史，有可画成地图的疆域，以及其他各种能够让这个时空变得更真实的"语境工具"①（如天气、地理、家谱、日历、时钟、语言、文字、器物等），便是一个可能世界。"这个世界无边无垠，没遮没拦，野生野长，控制无望。这个世界有典籍报章，有朝生暮死的流言，有口口相传的学问，有俗世俚语，有黑道切口，有磨灭不清的绵密注脚，有湮灭无闻的古老文献。这个世界有悠久的过去，有无限的未来，有通往未知的分岔小径，如真实世界一样丰富而复杂。"② 在这样的可能世界中，不论是故事之内的英雄，还是故事之外的粉丝，都可以展开无尽的遨游。从这个意义上看，与游戏《魔兽世界》相关的《魔兽世界编年史》、托尔金（Tolkien）的"中土世界"、美剧《权力的游戏》的地图动画和多斯拉克语等，皆体现了世界先于故事的故事世界生成策略。

（四）故事流

假设将承载了价值观的故事世界的角色群，放置在细节真实的时空场域中，这个时空场域是否会像一个自主运行的世界，故事将在其中自然生成，蓬勃生长？当然，这个意义上的故事尚是野蛮生长的、无序流动的、支离破碎的。这里借用"流"的概念：每个角色的旅程轨迹都是时空坐标中的一股"流"，这些受角色驱动的"流"会交汇，会背离，会壮大，会减弱，无数故事流的轨迹终将在故事的历史与地图中呈现为一张叙事之网。粉丝对故事的体验便是对这张叙事之网的探寻，他们可顺流而下，也可逆流而上，可遁入隐藏的旁支，也可攀上闪耀的主干。在

---

① MURRAY J H. *Hamlet on the Holodeck : The Future of Narrative in Cyberspace* [M]. New York : The MIT Press, 1998 : 236.

② 施畅. 地图术：从幻想文学到故事世界[J]. 文学评论，2019（2）：48-59.

IP开发层面，当前备受关注的跨媒介文本之间如何互文、媒介机构之间如何协作、粉丝在各个媒介文本之间如何迁移等问题，也可迎刃而解。IP的跨媒介叙事就是对这些具有自我生长能力的故事流进行鉴别、筛选、培育、梳理，进而运用巧妙的缝合与编织术，在散乱的文本与媒介网络中，设置坐标与导线，为角色和粉丝创设出一条充满悬念、线索、探险、彩蛋惊喜、沉浸体验的游历线路。

（五）世界入口

故事世界是一个供想象的可能世界。但在媒介技术突飞猛进的今日，这个可能世界的意义与价值已经不仅仅是通过文字营造出一个被阅读的沉默文本世界，或通过视听媒介营造出一个被观看的生动荧屏世界，更在于通过各种媒介技术的支撑与消费场景，营建出一个可以与现实世界实现自由切换的沉浸体验世界。因此，"入口"这个概念变得重要起来：在何时何地，故事里的角色能够出来；在何时何地，故事外的粉丝能够进入。各种媒介界面、各种周边衍生、日常生活与各种消费场景，都可能成为某个故事世界的入口。入口与通道越多，故事世界与现实世界的互动越频繁，IP的运营也就越成功。换言之，成功的跨媒介叙事不仅仅是故事在媒介语境之内转译与流动，也是成功地跨越虚拟与现实的边界，让故事融入现实，让现实充满故事。

运用传统文化资源，讲好中国故事，是国家的传播战略，也是中华优秀传统文化实现创造性转化与创新性发展的一个重要路径。基于前面对故事世界的探讨，著者提出营建中国故事世界的假设。当然，在业界的IP运作热潮下，中国故事的世界营造并不稀奇。比如，近年来，一系列以清代宫廷为背景的影视IP剧走红，催生出"清宫宇宙"；《哪吒之魔童降世》票房与口碑俱佳，出品方随即称，要打造中国的神话世界——"封神宇宙"。然而，对热现象要冷思考，国内在IP的故事世界营建上，尚存许多有待认真思考与精心创造的地方。下面以前述的故事世界的基本要素为参照，对营建中国故事世界的可能性与路径做一些探讨。

1.挖掘联通文化脉络又能引起当代人共鸣的价值观

传统文化正成为一个巨大 IP。中国拥有优秀的民族文化资源。对这些文化资源的真正运用不是断章取义，随意攫取一些元素与符号进行挪用与拼贴，便开始仓促走上变现之路；而是先应该从这些传统文化资源中，挖掘出那些既能够与中华传统文化的核心与脉络相通，又能够启迪与滋养当代人的智慧和心灵的资源，才能将其作为 IP 的源头与起点，作为中国故事世界的内核与基石。

《哪吒之魔童降世》中一句"我命由我不由天"一经喊出，便成为网红口号，其背后蕴含的价值观既可追溯到春秋战国时期的道家思想，也可联结到 20 世纪 90 年代的城市通俗文艺、21 世纪初的网络文学以及影响几代青少年的日本动漫，遂能引发全龄化的共鸣。[①]

影视剧与当代人共鸣，并不意味着一味媚俗，应具有联通中国文化脉络的价值观元素。

2.塑造具有民族气质又能与当代人沟通的角色群

既然 IP 的魅力在于人格化，形象优先于叙事，成为故事世界中的主体以及跨界开发的落脚点，那么在营建中国故事世界时，也可采用形象先行的策略，着力塑造出一批既具民族气质又能与当代人沟通的角色形象。在丰富的传统文化资源中，寻找那些既传承着传统的文化基因、彰显着民族的文化图示，又能契合当代审美情趣的文化符号（历史人物、文学形象，甚至诸多非人类的符号元素），进行角色形象的设计，将一个个隐藏在历史深处的高冷面孔、模糊印象视觉化、人格化、生动化、形象化，从而将其还原、重塑为一个个有血有肉、有情有欲、有趣有味的"中国英雄"。

角色形象能与当代人沟通，并不意味着一味卖萌、耍酷。将角色形

---

① 孙佳山."丑哪吒"的形象、类型与价值观：《哪吒之魔童降世》的光影逻辑 [J].当代电影，2019（9）：16-18，177-178.

象嫁接流行审美和时代气质，并不意味着抛弃古典美学和中国精神。真正的文化魅力与传播张力来自独特的文化烙印与民族气质。以《西游记》这个超级IP的开发为例，《西游记》的热度有增无减，各种媒介文本层出不穷，各种改编故事不断涌现，但留给人们的印象却是斑驳庞杂、无所适从的。因为IP开发的重心在于文本的改编、主题的解构，在于讲述迎合当下流行趣味与审美的故事，所以从价值观到角色群的定位都是在不停地变化的，随着创作者的品位和受众的品位的变化而不断变迁，不断流动。换言之，故事的丰富、创新，可能会导致角色形象失去稳定性。例如，孙悟空这样一个具有深刻中国精神和典型民族风格的"英雄"形象，并没有得到媒介整合传播的一致声音的加强，而是被各种偏离原来故事的文本（爱情、无厘头等）不断地解构、削弱，甚至面目全非。

3. 创设恢宏壮阔又充满细节真实的时空场景

世界在先，叙事在后。叙事之前，先创设出一个可供角色驰骋、可供故事生长的时空场域。中国有很多这样的恢宏壮阔的可能世界与诗意时空：上古神话、道教故事、佛经故事、民间传说、历史典籍，锦绣山川、宫廷朝堂、江湖市井、佛寺禅院、竹林桃源，不胜枚举。

在故事讲述中，应注意对故事世界的细节还原与诗意想象。时空场域的细节真实程度在很大程度上决定了人们沉浸体验的程度。这是在还原与想象故事世界方面，最需要注入匠心的一个环节。近年来，受到好评的影视IP作品皆在细节真实与时空营造方面下了些功夫。例如，《琅琊榜》中，一个搁在地上的梅瓶、一张让席地而坐者依靠的凭几、一场正确安排了尊卑主客的宴会座次，都让观众惊叹不已；《延禧攻略》展现出一幅幅注重器物陈设与色彩美学的宫廷画卷；《知否知否，应是绿肥红瘦》对古人日常生活细节的还原，让当代人看到了宋代人的精致生活。

如何创设恢宏壮阔又充满细节真实的时空场景呢？

（1）编织继承中国叙事传统又具有现代叙事技巧的故事流。从叙事的视角看，文化皆故事，浩瀚的古代时空中，文化资源皆故事资源，但有待精心编织与重组再现。一方面，需要运用当代流行的叙事策略，如日新月异的新媒体技术影响下的各种新媒体叙事模式。在当今融合文化语境下，讲好中国故事，需要运用顺应当下潮流的叙事策略。另一方面，中国有着不同于西方叙事的独特的叙事传统，有基于中国儒家思想、道家思想和佛家思想的叙事诗学与美学，有史传叙事艺术、唐传奇叙事艺术、话本和拟话本叙事艺术以及章回小说叙事艺术等，有丰富的故事母题与原型，有奇妙的叙事时空与意象，有巧妙的叙事结构与策略，有独特的行动元素与叙事话语。对于这些宝贵的叙事资源，非但不可抛掷，而且应该到其中去寻找那些与当下跨媒介叙事可以巧妙融合的契合点（比如，壶中日月画中游的传统叙事与游戏化叙事的彩蛋模式之间的契合），方能编织出兼具中国风格和流行趣味的故事之网，为故事之内的英雄提供不竭的旅程，为故事之外的粉丝提供遨游的空间。

需要注意的是，当下流行的叙事策略与传统叙事策略之间有表里之别。若表里倒置，披着传统的外衣，讲述一个陌生的故事，便会让受众难以理解，得不到受众的共鸣和喜爱。反之，适当借鉴流行的叙事策略为表，但骨子里守住传统，方能使故事具有中国风格。例如，《长安十二时辰》采用了许多当代流行的商业故事的叙事技巧，让故事紧凑又好看，但叙事主题、时空、意象、人物行动、叙事话语等却是传统的，因此让观众仿佛看见一个真实的大唐长安。

（2）打造基于媒介界面与现实场景的故事世界入口。以体验为核心的故事消费，强调媒介的界面与场景的接入。营建中国故事世界，消除故事内容与故事消费者之间障碍的最后一步，就是打造多维的故事世界入口。在媒介方面，将具备了价值观、角色群、时空界、故事流等优质内容的传统文化 IP 在不同的媒介载体上进行互文性的、互补式的延伸，将文本故事转化成影像、动漫、游戏等各种媒介故事，在各种媒介平台上，打造进入故事世界的屏幕界面；在场景方面，将这些具有吸引力与感染力的媒介故事进一步转化为文创产品、主题公园、博物馆、旅游项目、文化空间等场景的故事，通过使媒介故事融入日常生活与消费场景，打造进入故事世界的场景入口。

通过媒介界面与现实场景的多维接入，故事世界便可以持续与受众建立情感联系，增加受众，将更多的受众转化成粉丝，实现全产业链的延伸，这是实现传统文化 IP 的立体化开发的成熟环节，也是以故事世界前四个要素为基础的环节。而当前的问题在于，在这一环节，倾注着大量资本与运营的热情，而对基于故事世界前四个要素的以内容为核心的环节，锻造的火候不够。

综上所述，在当今文化创意时代，IP 模式盛行，跨媒介叙事兴起，故事世界涌现。文化借由产业开发与故事创意，得以传承与创新。基于这样的思维与视角，在传统文化资源宝库中，挖掘联通文化脉络又能引起当代人共鸣的价值观，塑造具有民族气质又能与当代人沟通的角色群，创设恢宏壮阔又充满细节真实的时空场景，编织继承中国叙事传统又具有现代叙事技巧的故事流，打造基于媒介界面与现实场景的故事世界入口，此种兼具诗意与匠心的中国故事世界营造，不失为传统文化进行产业活化与创意传播的一种路径。用匠心描绘诗意，在大世界里讲述小故事，在大事件里呈现小人物，在大时空里品味小细节，使宏大叙事与微末表达结合，使历史视野与平民视角结合，使传统文化精髓与流行时尚对话，使中国精神与时代气质融汇，讲述既有物换星移的轨迹，又有沧海一粟的细节的中国故事。此种中国故事方能具备文化魅力与传播张力，实现中华优秀传统文化的优质输出和深层传播。

第二章 从文化资源到文化 IP 的 四种类型实践

　　虽然 IP 模式仅仅是文化产业众多商业模式中的一种，故事世界的建构在一定程度上也是 IP 模式导向下的一种雄心与想象，但 IP 模式和故事世界为传统文化资源开发与利用提供了一种可行路径。打造传统文化 IP，营造中国故事世界，成为把文化资源、文化精神、文化符号转化为文化形象、文化故事、文化产品的重要路径。从故事世界洋葱模型的不同层面出发，建构 IP 的核心，将得到不同的故事世界营造路径与模式。例如，以历史人物、文学形象乃至各种非人类的拟人形象等为出发点，可构建以人格化形象为中心的 IP 开发体系；以文学经典、神话传说、民间故事等文本为出发点，打造 IP，可构建以故事宇宙为中心的 IP 系统；将传统之器物融入当代衣食住行之日用环境，可得到以文创品牌为典型的 IP 开发模式；以特定的时间（如节日、节气、纪念日）、空间（历史遗址、博物馆、旅游目的地等）为出发点，整合形象、故事、器物、技艺、习俗等，可创设特定的时空场景，获得以文旅体验为中心的 IP 开发模式。下面对这四种类型的 IP 建构进行探讨。

一、偶像的诞生：以人格化形象为中心的 IP 建构

形象 IP 是一种典型的 IP 类型。业界有许多成功的形象 IP 案例。例如，美国的迪士尼系列动画角色、DC 漫画公司与漫威漫画公司的超级英雄形象，日本的一些动画角色形象（如哆啦 A 梦、樱桃小丸子、蜡笔小新），通过虚拟运作而创设的各种文旅吉祥物形象（如熊本熊）等，都是获得了商业成功的超级形象 IP。国内的文化产业运营也早已掀起对形象 IP 的开发热潮。从喜羊羊、灰太狼到熊大、熊二、光头强，从孙悟空到哪吒三太子，从《山海经》里的神兽到北京故宫里的猫，故事角色、文学形象、拟人形象似乎但凡具备了一定的知名度，积累了一定的粉丝量，或与其他的知名 IP 具有一定关联，都具备产业化开发的可能性，或者说拥有了转化为经济效益的动能。对形象 IP 的建构与开发，业界积累了许多实践经验。例如，张小盒、键盘仔等 IP 的创始人陈格雷所著《超级 IP 孵化原理》，从文化创意、品牌经济和产业化的角度，提出超级 IP 孵化的原理，探索打造超级 IP 的方法以及 IP 的爆款规律、成长规律、实力指数等，其中有许多基于实践案例的规律总结与行之有效的操作指南，为文创产业的创业者、企业品牌运营者提供了一套 IP 开发的系统方法。

从文化资源开发的角度看，中国的传统文化宝库中有丰富的形象资源。历史人物、经典文学与民间神话中的各种形象以及各种具有人格化潜质的世间万物，都是可以进行形象 IP 开发的文化资源。

（一）让古人走进当代：历史名人 IP 开发

与其他传统文化资源（如故事、典籍、器物、非物质文化遗产、遗址等）相比而言，历史名人文化的特色在于，是以历史人物形象为核心的文化资源。以历史人物形象为中心的文化资源开发，恰是当前文化创意产业中一种典型的 IP 运营模式。同时，这种以历史人物形象为中心的文化开发与传播，在当今的文化产业与媒介空间中，有一个重要的展演

场域，即以社交化、数字化为特征的媒介场景（甚至是当下流行的"元宇宙"系统），并且与当代的名人文化、偶像文化、粉丝文化等有些许关联。例如，不论是选秀偶像、影视演员，还是虚拟偶像、拟人的吉祥物，但凡成功的形象 IP 都有自己的拥趸，并且都与其粉丝在社交化、数字化的媒体空间中，展开虚拟互动与交往，建立拟亲密关系，品牌的营销、文化的趣味、审美的经济、精神的价值、情感的能量都在其间流动。因此，以形象为中心的 IP 开发模式、以社交媒体为场域的名人文化传播，不失为历史名人文化当代传承的一条路径。

然而，国内的历史名人文化资源开发大多着力于在文旅场景中进行产业化开发，即围绕历史名人文化，进行精神挖掘、行踪考据、遗址重建、品牌打造、文艺创作、文创设计、文化传习等全方位的挖掘与开发，而在媒介场景中，则侧重于历史名人形象重塑与历史名人故事讲述等文艺创作。这种历史名人 IP 开发注重 IP 开发模式与媒介化思维，但历史名人形象不够清晰，社交化传播不足。

以四川省历史名人文化传承创新工程的两批十大名人为例，2017 年，四川启动实施历史名人文化传承创新工程，当年评出大禹、李冰、落下闳、扬雄、诸葛亮、武则天、李白、杜甫、苏轼、杨慎等首批 10 位历史名人。2020 年，第二批四川历史名人名单出炉，文翁、司马相如、陈寿、常璩、陈子昂、薛涛、格萨尔王、张栻、秦九韶、李调元等 10 人入选。近年来，四川围绕评选出来的历史名人，推动学术研究、文化传习、品牌打造、文艺创作、文创产业发展等工作，推动中华优秀传统文化传承、发展，取得了阶段性的成果。这些成果主要包括以下几个方面。

第一，挖掘历史名人的精神价值与延续文化脉络的学术研究。大批历史学者与文化学者致力于深入挖掘、提炼四川历史名人的思想精髓和道德精华，提炼时代所需的精神价值，重拾川人的历史记忆、文化记忆、精神记忆，延续巴蜀优秀传统文化发展脉络。目前，四川已建成首批四川历史名人研究中心 10 个、首批四川历史名人研究会 10 个，先后发布大量研究课题，编辑出版《四川历史名人经典研究文丛》和《四川历史名人研究新论》，推出《三苏研究丛刊》《百年扬雄研究综录》等50余部学术著作。

第二，创新表达，面向大众传播进行文艺创作。近年来，将历史名人的生平融入文艺创作，创作了戏剧、影视剧、纪录片、动漫、图书等多种形式的文艺作品。话剧《苏东坡》、川剧《诗酒太白》《落下闳》、歌剧《杨升庵》、交响乐组曲《少陵草堂》等文艺作品相继问世；"四川历史名人篇"系列微视频作品在腾讯、优酷、搜狐等新媒体平台陆续推出；面向青少年或儿童读者的《四川历史名人图画故事书》《四川历史名人传记丛书》《四川历史名人历史小说》《四川历史名人与巴蜀名胜连环画丛书》《四川历史名人青少年绘本》等读物陆续面世；名人文化进课堂，大禹治水、李冰治水、诸葛亮治蜀等历史名人事迹已被纳入地方课程教材，这些教材在四川省中小学被广泛使用。

第三，利用历史名人文化资源，进行文创研发与文旅发展。四川整合历史名人文化旅游资源，依托名人故居、博物馆、纪念馆等，打造历史名人文化深度游、览胜游、专题游等文旅产品；打通文物、文博、文创事业链、产业链，打造以杜甫草堂文创馆、武侯祠文创馆、三苏祠文创街区等为代表的文创产业发展业态，研发、生产一批具有传统文化底蕴的图书、游戏、动漫、纪念品等优秀文创产品。①

综上所述，四川历史名人文化传承创新主要集中在学术研究、文艺创作、文旅开发等方面，而历史名人文化在数字化、社交化的新媒体空间的传播有待深入推进。若以形象为中心来考察，这些历史名人，有的成为文创产品与文旅项目的代言人，有的成为书籍与影视作品中的艺术形象，有的尚停留在学术研究视野中，对于大众来说，尚是掩藏在历史深处的模糊面孔，甚至是陌生的。综观国内历史名人文化资源开发，大

① 　周洪双.四川实施历史名人文化传承创新工程 让历史名人走进现实[N].光明日报，2020-06-10（1）.

多与四川的案例相仿，尚受制于地域或文旅产业边界等局限。这样的历史名人当代形象尚未充分发挥文化价值与偶像的精神能量。历史名人承载与积淀的多样、珍贵的精神风范、文化记忆与精神财富，并未得到充分激活与转化。若借鉴当代名人文化、偶像产业、虚拟形象 IP 运营、粉丝社群经济等流行文化生产与传播的机制与经验，以社交媒体为典型传播情境，是否能探讨历史名人作为一种虚拟形象与偶像在新媒体空间的"重生"路径，以及与当代人（尤其是青少年）进行更多交往与深度对话？例如，以下几种思路：

1. 以名人形象为中心的历史文化资源开发

历史名人文化资源与其他传统文化资源的核心差异在于拥有先天的形象 IP。那么，当前文化创意产业中如火如荼的虚拟形象 IP 开发的经验、路径，能够为历史名人文化资源开发提供参考。借鉴虚拟形象 IP 开发的思路，对历史名人形象进行符合当代人审美想象的符号再设计，对历史名人形象承载的精神价值与文化基因进行再挖掘，对历史名人形象关联的故事进行再讲述，从而打造历史名人的创新身份——不仅仅是面目模糊的遥远古人或文旅项目的代言人，也是具有精神能量与感染力的偶像，甚至是有血有肉、可知可感、真正在当代媒介空间中获得生命力的"超时空来客"。

2. 以数字社群为中心的历史名人文化传播场景

历史文化资源开发与传承创新的一个重要意义是，让传统文化融入人们的日常生活，从而激活人们的文化记忆，滋养当代人的心灵。社交媒体是当代人尤其是青少年日常生活与交往的一个重要场景。可以让历史名人进入这样的数字社交场景，也就是为其偶像与"超时空来客"的创新身份营造一个在当代文化与媒介语境中落脚的生存空间。依据数字社群的建构逻辑，通过对虚拟空间的地址账号、数字生存的器物道具、社群交往的仪式流程等进行创设，完成历史名人文化传播的场景迁移：从曲高和寡的学术空间到鲜活生动的文化社群，从具有地域局限性的文旅场景到具有脱域性、包容性的媒介空间。

3. 以虚拟交往为中心的历史名人文化传播路径

获得了创新身份的历史名人在数字化、社交化的媒介场景中，将获得自身的生命力。如同虚拟偶像的数字社交逻辑，历史名人将拥有自己的媒介呈现（如开直播、拍短视频或发表情包），拥有自己的日常生活（一种动态的、开放的、不断生成的生活），继而将自己的日常生活与故事源源不断地转变成媒介呈现与展演。同时，历史名人会与他（她）的粉丝相遇，产生交往与对话，催生更多的文化创意与实践，从而重构传播关系：历史名人文化传播从单向的言说变成互动的生成，从静态的文本变成与文化情境中的动态"文化流程"相融合。

（二）让角色融入现实：文学形象 IP 开发

历史名人文化资源的 IP 化开发，是让历史人物走进当代，消弭时空的距离，实现"历史的穿越"以及"与古人的对话"。在这个过程中，利用数字场景与媒介形象等虚拟化的手段，为古人重建一个想象性的身份。而经典文学、神话传说等故事中的形象的 IP 化开发，则是尽可能地让故事角色走出平面的故事文本世界，实现从虚拟世界到现实世界的跨越，从而拥有更立体、更生动的面孔，创造更丰富、更真实的存在。综观那些成功的故事形象 IP 开发，人物角色最后都走出了文本世界，融入人们的日常生活。仿佛不知何时起，故事中的人物角色就生活在了现实世界。当前的影视剧营销也都偏爱为剧中角色注册社交媒体账号，让剧中角色能够与现实时空中的更多元素产生交集，与观众进行更多的交流，进而打破虚拟与现实的边界。

综观中国传统文化中的故事资源宝库，庞大的远古神话体系、丰富的各地民间传说、琳琅满目的经典文学作品，成功塑造了大量有血有肉、个性鲜明的角色形象，但真正实现品牌化、偶像式 IP 开发的为数不多。以孙悟空这一形象为例，孙悟空是《西游记》故事体系中家喻户晓的一个形象 IP，是由神话故事体系、传统文学经典、当代影视产业共同铸就的一个具有全球影响力的 IP 形象。然而，真正用 IP 化开发的标准来衡量，具有如此优势的孙悟空形象却没有充分受到市场追捧，没有产生巨大的经济效益。

孙悟空是一个具有巨大开发潜质的形象 IP。从印度史诗《罗摩衍那》里神通广大的猴王哈努曼、中国唐传奇《古岳渎经》里的黄河水怪无支祁、敦煌研究院指出的甘肃人石盘陀等各种孙悟空原型一直到明代吴承恩的《西游记》成书，孙悟空的形象得到较为立体、生动的塑造，并拥有了一个宏大的故事生存空间。之后的明清小说多有对吴承恩《西游记》故事世界的衍生与补充，比较有代表性的有《西游补》《后西游记》等。明清时期，伴随着昆曲的成熟和其后京剧的兴起，孙悟空的形象走出了文本故事，在戏曲舞台上找到了新的生存空间。明清时期产生了《闹天宫》《安天会》等一批有代表性的经典剧目，在京剧中产生了一个介于武生和武丑之间的独立行当——猴戏（别名"悟空戏"）。民国时期，猴戏发展到鼎盛，并衍及其他剧种，比如，六小龄童的父亲六龄童就是绍剧的猴戏表演艺术家，人称"南派猴王"。在戏曲舞台上，平面故事中由文字塑造的角色得到了立体、生动的真人呈现与演绎，促进了孙悟空形象的深入人心。到了 20 世纪后半叶，随着动漫产业与影视技术的发展，上海美术电影制片厂制作的《大闹天宫》（1961—1964 年制作）、《金猴降妖》（1985 年上映）这两部动画电影的成功，让孙悟空的形象有了"二次元"的经典面孔。20 世纪 80 年代，《西游记》电视连续剧（1986 年首播），让六小龄童扮演的孙悟空形象得到大众化传播。再往后，虽然网络小说、动漫、电影、游戏等不断改编《西游记》的故事，但是由吴承恩的《西游记》、戏曲中的猴戏、动画片《大闹天宫》和 1986 年首播的电视剧《西游记》等成功的"源文本"积淀出来的孙悟空形象已经比较稳定。

1. 恒定的价值观内核

角色形象是价值观内核的重要载体，价值观赋予角色形象灵魂。从吴承恩的《西游记》成书起，孙悟空始终是能上天入地、斩妖除魔、为民除害的"猴子"，始终有不畏强权、善恶分明、热爱自由、勇敢、执着、敢于抗争的精神。这种精神是中国式英雄的具有代表性的精神，是中国人对自由与英雄的一种理想想象，因此拥有跨时代的力量，尤其是经晚清以来的中国历史巨变，人们对这种精神以及具有这种精神的人物形象的想象与国家、民族的历史记忆交织在一起，经过沉淀，成为一根能够触动国人心灵的精神之弦。同时，孙悟空拥有的这种价值内核与精神力量也是跨地域、跨民族与跨文化的，指向人类共同的情感模式与心理图示，指向人类稳定的、深层的共识。我国的孙悟空形象诚如美国漫威漫画公司的超级英雄、日本动漫的奥特曼等形象一般，拥有能够引起跨文化共鸣与认同的价值内核。

2. 稳定而鲜活的形象

从小说文本到戏曲、插画、动漫、影视、游戏等媒介呈现，孙悟空形象具有两个较为稳定的视觉识别系统：一是大闹天宫时期的美猴王形象，头戴凤翅紫金冠，身披锁子黄金甲，脚蹬缠丝步云履，手拿如意金箍棒；二是护送唐僧西天取经路上的孙行者形象，头戴五花帽，身穿虎皮裙，手拿金箍棒。这两个形象系统具有非常高的识别度，不管故事如何变化，甚至脱离了故事，只要人物形象具备这些视觉元素，观众就知道，这是孙悟空。同时，孙悟空的个性也相当鲜明，聪明、活泼、顽皮、诙谐、骄傲、好胜、爱捉弄人，猴性十足，且这些性格特征与其价值观内核一脉相承，让图示化的价值观具有了人性化的表现。清晰、鲜明的视觉形象与性格特征，使孙悟空这一 IP 形象具有了生动感、血肉感。

3. 宏大而生动的故事生存空间

《西游记》故事建构了一个宏大的世界，囊括儒家、道教、佛教的人、神角色体系。从花果山的石猴到大闹天宫的齐天大圣，再到被压五指山，是美猴王孙悟空的成长与抗争之路；从东土大唐出发，跨越异邦，经历九九八十一难，护送唐僧西天取经，是孙行者的历险与修行之路。

《西游记》一波三折、螺旋上升的叙事节奏，可独立、可串联的"葫芦式"情节单元，丰富的分支叙事线索，甚至许多暗藏的"彩蛋""副本"，为角色提供了宏大而生动的生存空间。故事空间是角色的生存家园与冒险疆域。开阔的时空设定与丰富的情节不仅拓展了角色在故事内的行动，延展了角色的生命力，也为角色走出故事，走出源文本媒介，实现跨媒介、跨平台的 IP 呈现提供了可能性。某些精彩的情节单元可以独立成折子戏，完成从小说到动漫、电影等的媒介跨越；某些隐藏的支线情节可以被想象和改编出来，使经典文本与当前解读的对话得以实现。在这个过程中，角色自然被包裹在故事的"胶囊"中，顺利地实现跨平台迁移与展现。

恒定的价值观内核、鲜活而稳定的个性化形象以及宏大而生动的故事生存空间，使孙悟空成为一个具有巨大开发潜力的 IP，成为影视文娱产业的重要文化资源。以影视剧为例，据网络上粉丝的不完全统计，1927—2019 年，改编与翻拍《西游记》的影视剧作品有 45 部之多，其中，除了中国的电视剧、电影作品外，日本、美国、澳大利亚、越南等国家也有多部翻拍剧。一些网络小说、动漫、游戏等也以孙悟空为原型进行改编与创作。例如，网络作家今何在创作的小说《悟空传》讲述的是以孙悟空为主角的故事，日本的《七龙珠》是以孙悟空为原型创作的动漫，游戏《英雄联盟》中也有"齐天大圣孙悟空"这样一个英雄战士角色。诸如此类，数不胜数。

人们对《西游记》的改编、翻拍、衍生，多有对角色形象的创新性改造，甚至颠覆性塑造。例如，日本的《七龙珠》对孙悟空的人物背景设定与造型均进行了日本动漫叙事与视觉风格的改造，国产动画电影《西游记之大圣归来》对大圣的形象进行了偏好莱坞电影工业风格、更符合对英雄的当代审美的塑造，以及更具厚重感、更人性化的性格设计等。人们对《西游记》的改编、翻拍、衍生，也有对故事的戏说与恶搞，甚至脱离源故事体系进行大胆叙事，如《大话西游》系列电影以及《西游·降魔篇》《西游伏妖篇》等。在这种偏离源文本的故事空间中，孙悟空这一角色的呈现也在很大程度上偏离了经典文本积淀下来的固有形象。

《西游记》的故事被不停地讲述，孙悟空的形象被不停地呈现。然而，人们讲述的不是一个恒定而统一的故事体系，呈现的孙悟空形象不是一个稳定的形象，改编的影视剧作品折射出来的价值观与心灵图示也随着创作者、观众、时代文化的变迁，不断地变化。这种过于频繁的变化不利于一个IP的稳定成长与开发。以动画、影视改编为例，由于主创人员、导演风格、制作水平的不同，不同的影视作品对故事的改编呈现出较大的差异，孙悟空的荧屏形象也随之多样化，或是机车朋克风格，或是恶搞、另类，或是表面符号化，或是复杂人性化。这种角色塑造有悖于成功IP形象的简单性、鲜明性、重复性原则。换言之，更复杂却更小众化、成人化的孙悟空形象，反而遮蔽了其与生俱来的全龄化的吸引力优势，使得IP的价值得不到充分挖掘与发挥。对于儿童受众来讲，拥有固有价值观和稳定形象的那个孙悟空，并没有得到太多的媒介塑造，以及现实中的展现；对于成年受众来讲，孙悟空的形象却在不断变化，刷新着成年人的审美与记忆，难以形成一个记忆和认同的"最大公约数"。

总之，在跨文本、跨平台的IP开发中，形象面貌的多变导致人们对形象认知混乱与印象模糊，故事主题的多变导致故事偏离源文本的价值观内核，导致人们对该故事认同感的涣散。这样，在更大范围的IP开发中，如游戏、周边衍生、文创开发、主题公园、文旅项目等，从虚拟故事维度进阶到现实空间维度的开发就难以继续，因为偏离源文本价值观内核和面貌复杂的角色形象难以突破媒介故事的边界，鲜明而生动地进入现实时空，获得虚拟的、能够满足人们想象的社交身份，形成粉丝效应与IP经济。

孙悟空形象IP的开发尚且如此，神话、文学经典、民间传说中的万千人物形象的IP开发更有待人们思考。一方面，那些人物形象蕴藏着巨大的精神价值，具有中国式人格形象的魅力与吸引力；另一方面，他们的价值观内核没有得到充分挖掘与彰显，他们的形象与个性没有得到清晰而稳定的呈现，那些奇妙的故事世界也没有得到充分激活。也许，使人物形象、价值观内核、故事空间先具有一定的稳定性，才是对角色 IP 进行跨平台开发、跨虚实转化的基础。

（三）让万物富有灵性：拟人化 IP 开发

如果说人格化形象的 IP 化开发的核心在于形象能够产生对话感、交流感，那么拟人化 IP 更多的是产生伴随性和象征性。在被设定之初，拟人化 IP 往往就与人的需求密不可分，通过借用动植物、机器人等非人类形象，传达人类的意识和情感，实现跨物种的交流、互动。例如，《超能陆战队》里的机器人大白之所以能收获无数观众的喜爱，除了胖嘟嘟的呆萌外形，更重要的是他守护主人的属性，观众很容易将渴求陪伴的需求投射在大白身上。大白的健康检查、保护的技能，更是直接满足人类基本的生存需求，给观众置身其中的代入感和满足感。拟人化 IP 形象迅速拉近了观众与角色之间的距离，令观众与主角一同体会爱上大白的过程。由此，大白成功地变成一个"暖心且万能"的 IP 形象。

人的需求和欲望是复杂、多样的，这意味着拟人也可以从多个维度来进行，只要切实抓住事物的某一个侧面，象征性地展现人隐匿于心的追求，就容易大获成功。例如，《机器人总动员》就是一部不折不扣的末世爱情片，瓦力象征性地表达了人的孤独及对美好爱情的追求，与当代人并无二致。《疯狂动物城》的核心价值观和人物角色都以人类社会为底本。该影片成功地塑造了一群拟人化形象。在该影片中，动物世界是人类世界的镜像，映照出打破传统偏见要付出的努力，以及惩恶扬善、追求美好生活等观念。兔子和狐狸的相处模式是很多影视剧惯用的欢喜冤家套路，警察系统里性格各异的办事员是对现实社会场景的变相还原。拟人化手法的运用令兔子警官、狐狸、树懒等多个角色妇孺皆知。

在二次元文化中，同样有拟人。汉服圈里，有朝代拟人，如拟人化的秦朝身穿当时的盔甲和衣饰，服装颜色遵循秦代以黑色为尊的惯例。他闭目持剑、盘腿而坐的姿态，给人凛然、霸气之感。观者看一眼便能快速接收角色的朝代信息。拟人化的宋朝头戴长翅官帽，身穿圆领宽长袍，双手持握朝笏，仕宦形象与宋代浓厚的人文气息如出一辙。

万物可拟人，机器人、动物、朝代都可成为拟人化对象。概括而言，拟人手法是人类的一种交流方式，是将大众的趣味、欲望、审美诉诸他者的一种表现技巧。

在我国古典文学中，《山海经》是一部奇书，短短 3 万字涵盖了大量的神话故事、民族传统、地理方物等信息，成为后世取之不尽、用之不竭的文化开发资源。目前，与《山海经》相关的漫画、动画、游戏层出不穷，在图像和影视开发领域取得亮眼成绩。例如，漫画《山海师》在有妖气网站上的点击量高达 2.28 亿，动画《阿长与〈山海经〉》流量、口碑双丰收，在游戏与电视剧《仙剑奇侠传》《轩辕剑》中，《山海经》里描绘的饕餮、穷奇、鲲鹏等异兽频繁现身，成为大众耳熟能详的上古形象。人们除了对《山海经》中的异兽、万物进行图像开发，还对其进行文创领域的开发。故宫淘宝有后羿射日造型的金属书签，开封市图书馆创造性地开发了《山海经》系列产品，如九尾狐钥匙扣、鳛鳛鱼变色马克杯等形形色色的产品，网上还有以金乌为原型设计、制作的项链、耳环……这些文创产品备受追捧，彰显了《山海经》这一经典 IP 的巨大市场潜力。

要想使 IP 形象深入人心，深入人们的日常生活，人们有必要思考如何让丰富、璀璨的传统文化在当下熠熠生辉。下面提供三种拟人化 IP 开发的可能性路径。

1. 拟形：设计合理、时尚的造型

这里的"形"不一定是人形，而是与人的特征有相似性、令观者在视觉上感到舒适的形，一定不能是与人背离的、人类难以理解和想象的造型。例如,《超能陆战队》里的大白就十分符合大众审美趣味,身体造型从龙猫身上汲取灵感,有大大的肚子、短小的双腿,惹人亲近。大白的走路姿势则模仿企鹅宝宝,一举一动非常呆萌,成功地表现出体型大、行动慢的特点。另外,拟形还讲究在设计时考虑形象的合理性和时尚性,制作符合当代审美和时代精神的产品,只有这样,才能使产品在市场上火爆起来。大白虽然是个虚拟角色,但该影片的导演在前期做了大量调研工作,大白的充气材质和功能设定参考了现实中一位科学家研发的医疗机器人。在电影《捉妖记》中,胡巴的原型是《山海经》中的神兽帝江,它形似皮囊,周身通红,有六个爪子、四个翅膀,能歌善舞。该影片的导演在设计胡巴的造型时,融合了古籍记载和当下审美。胡巴的外形酷似一根有六个爪子的灵动白萝卜,声音和表情模仿了人类幼儿,开口大笑时会露出两颗乳牙,委屈时会发出哼唧声,被网友誉为"国产第一萌妖"。概括而言,拟形的 IP 开发策略是通过对角色形象进行符合受众期待的外部设定,成功戳中观众的兴趣点,使观众产生想要拥有同款的欲望和需求,从而带动衍生产品的开发和销售。

2. 拟神:具化人类的性格、精神气质

拟人不仅仅是拟形,更多的是拟神,即通过模仿人类的某种性格特征与精神气质,将目标受众喜爱的、耦合人类潜意识的"神"直观呈现出来。例如,人类的"呆、萌、贱、酷"被很多文创产品模仿。以故宫淘宝推出的小兔神摆件为例,制作团队在 2023 年的生肖上发挥想象,设计了六种款式的小兔神摆件:举着金元宝的财神兔、头戴状元帽的文曲星兔、拿着锅铲的灶神兔、坐在莲花上的花神兔、抱着事事顺利纸的厕神兔、枕睡在弯月上的床神兔。这些小兔神摆件无一不是美好寓意与创意造型的结合,每一款都给人呆萌的视觉感受,收获了众多消费者的好评。萌、可爱意味着纯真和稚嫩,通常是生物婴幼时期表现出来的外形和性格特征,因此能轻易激发人的保护欲和亲近感。

3. 拟我：挖掘 IP 形象与受众的契合点

成功的拟人化 IP 形象会发挥镜像、象征、隐喻等作用。观众或消费者看到这样的形象后，会觉得"它像我""我在它身上看到我的影子""它就是我喜欢的样子"。它能够象征、隐喻某一种人。这样，就构建了 IP 形象和人的沟通通道。这样，IP 就产生了对话感，就立起来了。以故宫博物院的 IP 开发为例，"奉旨旅行""如朕亲临"卡套参展第四届中国·苏州文化创意设计产业交易博览会时，首日就卖到脱销，很多人将它贴在行李箱或背包上，以彰显自己的个性和审美趣味。戏仿古代皇帝的自称，消解了"朕"这个词的特权属性，使它从高高在上的权威感中跳出来，成为庸常生活的小小调味剂，实现古与今的对话，替受众表达他们的意图和情感。

二、世界的重启：以故事宇宙为中心的 IP 建构

传统文化资源宝库中的神话、民间传说、文学经典等，蕴含着无数的故事。《封神演义》融历史、奇幻、神魔于一体，讲述武王伐纣、正反两派波澜壮阔的斗争，其中包含哪吒闹海、姜子牙下山、三抢封神榜等精彩的情节。《八仙故事》记载了道教广为流传的八位神仙的经历。《聊斋志异》描写了多个奇幻诡谲的鬼怪故事。如果说每个故事文本蕴含着一个世界，那么 IP 化开发的用意在于激活、重启故事世界，利用当代的故事讲述新手段，如媒介技术、虚拟技术、商业经济、文化产业、旅游等，重建一个沉浸式的故事世界。

（一）文本故事的编织

文化记忆往往是一种故事记忆，流传千年的学说、道理大都载于故事与传奇之中。因此，需要将传统文化资源蕴含的价值观与文化符号镶嵌在丰富的故事内容中，将宏大叙事与微末表达结合，将历史视野与平民视角结合，让时间跨度与空间场景融合，让传统精髓与时尚对话，以

故事活化传统文化资源，以艺术增强传统文化的感染力，借助各种新兴的媒体手段和流行文化的力量，让传统文化资源变成"中国故事"，真正走进大众的视野。

具体而言，人们在面对浩如烟海的传统文化资源时，要将其蕴含的精神品质与当代人的现实生活对接，从群像塑造、时空延展、情节补写三方面入手，进行故事编织。

1. 群像塑造

中国的古典文学名著素来很注重塑造精彩的群像，中国古典长篇小说四大名著就是如此。这四部书虽然类型和风格不一，但在神魔、江湖、家国、爱情的主题下，都将镜头广泛对向多个人物，成功塑造了一批性格鲜明的角色。想要打造一个成功的故事宇宙，就必须有林林总总的角色作为支柱，支撑起庞大、复杂的故事空间。

以中国四大民间爱情传说之一的白蛇传为例，它令人动容的爱情和姐妹情引起了影视从业者似乎永不磨灭的改编热情。目前，与其相关的电影有13部，电视剧8部，舞台剧2部。可以想见，未来仍会频出新作，白蛇传的故事被反复搬上银幕。除了白蛇传的基本框架不变，每一部影视剧都各有侧重点和特色。堪称经典的1992年首播的《新白娘子传奇》的情节主要围绕白素贞和许仙的爱情来展开，小青属于次要角色。但是到了电影《青蛇》里，小青变成首要表现对象，许仙退居次要地位。该影片着重表现了青蛇的妖媚、善妒、果敢，改变了白蛇传这一传统故事的叙事重心。此后还出现了同样以青蛇为主角的电影《白蛇2：青蛇劫起》。这些创作实践是挖掘民间文化资源久被忽视之处的有益尝试，丰富了白蛇传这个IP的内涵。

2. 时空延展

在文学经典中，每个故事的发生都需要一个特定的时空作为背景。故事的时空包括朝代、城市、经济结构、民风民俗等要素，既是故事中角色的活动场所，也是观众走进故事世界的入口。当故事情节发展和人物性格符合时空条件时，观众会觉得故事情节和人物性格合理；否则，故事情节和人物很容易产生违和感。因此，把握好改编的度，成为激活传统文化资源的关键。

电视剧《显微镜下的大明》改编自同名历史读本，讲述了算学天才帅家默从田亩数据错误牵扯出百年前人丁丝绢税，继而为父申冤和拨乱反正的故事。该电视剧的服装、化妆、道具和人物居住环境，高度还原明代的风格，诸葛村的八卦阵建筑让观众切实看到制作团队的用心，几个县令的服饰也是依照人物性格来设计的，社会底层出身的县令的官服上满是久穿不换而形成的毛球。痴迷于算术的帅家默的头发永远是蓬松、稍乱的。对于一个一心扑在算学上的人来说，不修边幅显然能让其形象更为真实。在剧情设计上，故事从一个县扩展到五个县，继而关联到整个国家的经济制度；通过时间和空间的转换、跳跃，完成牵一发而动全身的主题表达。《显微镜下的大明》点亮阴暗处，放大细节，用丰富的语境工具、真实的细节处理，为观众呈现了一个鲜活的大明。

3. 情节补写

在影视行业，故事新编已成惯用手段，通过文本迁移、设计彩蛋、新开支线、另开副本等方式，将已经完结的原故事进行拉伸、延长、扩容，目的是编织一张故事之网，建构一个故事世界。比如，《封神演义》IP 就出现了多个版本的改编电影，《哪吒之魔童降世》《姜子牙》《新神榜：杨戬》的相继出现，体现了制作者建构"封神宇宙"的雄心。这些电影不是复述经典神话中人、神、妖的故事，而是融入当下受众的新潮思想和审美取向，比如，反抗命运和不公，张扬人的主体精神；在叙事方式上，借鉴了漫威漫画公司电影的英雄塑造方式，让角色经历种种磨难，但最后总能绝处逢生，拯救苍生。在电影《姜子牙》里，角色比原著丰富，情节和世界观也更为复杂。该影片的故事中有神、人、妖、怨魂四种族类，他们彼此关联、互相牵制。该影片除了展示神魔对立和善恶有别，还表现了代表人类的姜子牙与代表神界的师尊的对抗。这是对原著的创造性改编，是"质疑一切"精神的当代表达。

（二）媒介故事的缝合

在各种新媒介野蛮生长的今天，图文、影视、短视频、音频等平台各自为营，形成了复杂的媒介格局。不同媒介平台的受众的观看习惯和喜好制约着不同媒介平台的内容创作和分发。针对同一个故事，依照平台属性创作定制化内容，同时在各平台载体之间产生互文性，让观者看到其中互相联系和呼应的设计，是很多IP团队费力经营的方向。其中，以影视为中心，一头联结文本，一头联结现实场景，是目前较为普遍的开发策略。

1. 从文字到影像

纵观近些年的影视剧创作，原创剧本少之又少，IP改编蔚然成风。资本的意图十分明显，即利用原著积累下来的粉丝存量和口碑，在立项时就引起广泛关注，之后在选角、服化道、人设上又可掀起多轮讨论，在播出前充分造势，以期获得高流量、高回报。但一切营销都会在影视剧实际播出后见真章，成功的改编往往会与原著达成相互成就的关系。例如，《琅琊榜》和《步步惊心》都是在保留原著精髓的情况下，融合当代精神和审美心理，表现出足够的诚意和匠心。《甄嬛传》被赞誉高于原著，它的大获成功反哺了原著小说。

总之，影视剧对故事源文本不能魔改，也不能不改，关键在于处理好精神内核和镜头语言，让观众切实感受到角色是从书里走出来的。

2. 从看见到沉浸

影视作品和游戏都是当下热门的娱乐形态，通过彼此间的跨界合作和联动推广，可实现"1+1 > 2"的规模效应。[①] 将影视剧累积的众多粉丝纳入有强大吸金能力的游戏中，挖掘IP的多重价值，是影游联动的底层逻辑。影游联动既可以是影游同步开发，也可以是影游名人互动。前

---

① 王传珍. 互联网时代的IP经济 [J]. 互联网经济，2015（12）：62-69.

者如《花千骨》，该电视剧和手游差不多同时推出，游戏代言人是电视剧中的演员，游戏的架构师是小说作者。由此，游戏和影视剧从核心内容到外部形象都保持了高度一致。在推广中，《花千骨》采用联合发行策略。其播放平台爱奇艺整合版权方、游戏研发商等多方资源，全力推广，实现了《花千骨》影游同步上线，两种模式都获得不错的回报。后者如《仙剑奇侠传》，游戏的火爆推动制片人将其改编为系列电视剧，电视剧的成功也反过来进一步扩大游戏的知名度和影响力。《仙剑奇侠传三》的女主角演员也成为手游《仙剑奇侠传3D回合》的代言人，这就是经典影游和名人效应的结合。

3. 从虚拟到现实

当前，文化产业IP的运营有两个热点，一是媒介融合背景下的跨媒介转译，二是泛娱乐发展趋势下的全产业链开发。两个热点实际上是同一种模式在不同视域下、不同阶段的不同表达。将具备了价值观、形象、故事等优质内容的传统文化IP在不同的媒介载体上进行延伸，将文本故事转化成影像、动漫、游戏等各种媒介故事，再将具有吸引力与感染力的媒介故事转化为文创产品、主题公园、博物馆、旅游项目等的场景故事，通过持续建立情感联结来扩容受众，将更多的受众转化成粉丝，实现全产业链的延伸，这是真正实现IP立体化开发的成熟环节。

（三）粉丝故事的拼图

营造故事宇宙的目的是为粉丝提供自由、开阔的遨游空间。粉丝可以无数次进入故事世界，而不是故事终结就抛弃故事世界。

著名的好莱坞编剧罗伯特·麦基（Robert McKee）在其著作《故事：材质、结构、风格和银幕剧作的原理》中指出："首先，（故事）使我们发现了一个我们不知道的世界。无论是言情还是史诗，无论是当代还是历史，无论是现实具体还是方外幻想，一个出色艺术家的世界总是能使我们感受到一种异域之情、离奇之叹。就像一名辟路而行的林中探险者，我们瞠目结舌地步入一个未曾触及的社会，一个破除了陈规俗套的领域，在其间腐朽化为神奇，平常变成非凡。其次，一旦进入这个奇异的世界，我们又发现了我们自己。在这些人物及其冲突的深处，我们找到了我们自己的人性。我们去看电影，从而进入一个令人痴迷的新世界，去设身处地地体验初看起来似乎并不同于我们但其内心却和我们息息相通的另外一个人的生活，去生活在一个虚构的现实，从而照亮我们的日常现实。我们并不希望逃避生活，而是去发现生活，以一种焕然一新的试验性的方式去使用我们的头脑思想，去激荡我们的情感，去欣赏，去学习，去增加我们生活的深度。"①

1.粉丝会主动发散故事碎片

故事世界的魅力在于，虽然它们处于已完结状态，但是永远有人正在对里面的情节和人物进行讨论、延展、二次创作。观众通过在故事世界里遨游，与角色一起经历人生沉浮。深度沉浸的观众会与角色同悲同喜，变成角色的真爱粉。角色粉活跃于各种网络社交平台，通过表达对角色的喜爱，维护角色的形象，自发聚集成一个个小圈子。在新的数字技术和表达语境下，角色粉会主动发散故事碎片，对钟爱的角色进行超越文本的想象和再创造。

例如，在 2023 年开年爆剧《狂飙》中，很多剧粉对程程的结局进行各种推测，因为剧里没有老默直接杀害程程的镜头，且老默在医院自爆受害者名单时也没提到程程，所以这变成了一个谜。而喜欢李响的剧粉则孜孜不倦地在各种细节里挖掘特殊意义：李响把材料藏在火车站 304 储物柜，304 恰好是著名的耐腐蚀性能好的不锈钢型号，这隐喻李响从未真正被腐蚀，这个数字尽显了他的隐忍和刚正。不管这种解读真的是剧本的精心设计，还是被粉丝过度阐释的巧合，这种主动发散故事碎片的行为凸显了原故事的耐人寻味和生发性。

---

① 麦基．故事：材质、结构、风格和银幕剧作的原理 [M]．北京：中国电影出版社，2001：5．

2.粉丝会主动补充故事体系

在视听时代,观众不再是被动的接受者,而变成屏幕外的创作者。很多粉丝在观看之余,喜欢基于剧情补充镜头之外的内容,对故事背景、价值观体系、人物小传进行发散和补充。豆瓣作为一个专业的书影音评价平台,是很多粉丝讨论剧情的首选。在"央视版《红楼梦》不严肃研究小组"中,有一篇名为《我发现部分人对古代女子的处境一无所知》的精华帖,发帖人对古代女子的婚姻决定权、财产拥有权、偏爱男孩的生育观念、事业等问题进行了细致探讨,联系时代背景和具体人物,深刻剖析了古代主仆尊卑贵贱有别、女性在男权社会的强大压迫下没有选择的事实,引发数千人点赞、收藏。出于对《红楼梦》的热爱和当下不少观众罔顾古代女子处境的现实,发帖人饱含热情地补充了《红楼梦》的时代背景,这体现了优质粉丝的反思精神和人文关怀。由此可见,故事世界就像一个共享空间,是粉丝可自由设计、自由填补的场所。每一个在社交平台浏览的网民以旁观者的姿态,看粉丝对情节脑洞大开的推测,用点赞、转发的方式表示支持,从而共同完成补充故事体系这一环节。

3.最后形成属于粉丝的世界版图与故事想象

随着媒介发生深刻变革,人与人的联结方式从血缘关系、地缘关系逐渐转变为趣缘关系。麦克卢汉认为,人类文明发展史经历了三个时期,即从口头传播时期的部落化、文字印刷时期的去部落化发展到如今的电子传播时期,重新进行再部落化。① 在网络空间,人们因各种爱好结成的小圈子就是再部落化的体现。通过发散故事碎片、补充故事体系,粉丝最后构建了专属于他们的那个群体的世界版图与故事想象。

例如,《武林外传》作为中国情景喜剧的典范,收获了众多观众的喜爱。关于它的二次创作数不胜数,是视频、图文、音频、表情包领域的常客,其中很多台词成为热梗,被反复使用,甚至出现了对《武林外传》

---

① 麦克卢汉.理解媒介:论人的延伸[M].何道宽,译.南京:译林出版社,2011:30-33.

剧情如数家珍的"十级学者"。有网友用郭芙蓉说的"世界如此美妙，我却如此暴躁"来表达心情，有网友用黄豆豆说的"只要给够加班费，当牛做马无所谓"来调侃职场。总之，这部剧因粉丝的创造性运用，故事世界被无限延展，剧情和现实产生了良好的互动。

三、器物的言说：以文创品牌为中心的 IP 建构

"日常生活美学"是中国的后现代美学，表现为日常生活的审美化和审美的日常化。[①] 这个概念是对"审美非功利"和"艺术自律"的一种解构。享有国际声誉的杂志《美学与艺术批评》的主编苏珊·费金（Susan Feagin）在第 18 届世界美学大会期间接受采访时说："今天美学与艺术领域的一个主要发展趋势是美学与生活的重新结合。在我看来，这个发展趋势似乎更接近东方传统，因为中国文化里面人们的审美趣味是与人生理解、日常生活结合一体的。"日常生活美学与中国文化和新的时代语境紧密联系。日常生活美学尝试磨平审美与现实、精神与身体之间的鸿沟，让日常生活和大众文化产生新的美学意蕴。换言之，日常生活美学是将美还给生活，赋予平平无奇的日常生活生动可感的美学意义，激发人们的审美兴趣，让人们脱离此在状态，获得感性的审美体验。

文创产业的兴起给了传统器物第二次生命，使它们从历史资料和博物馆的沉寂状态中苏醒过来。改良之后的传统器物得以进入日常生活，成为一个个凝聚着传统文化内涵和当下新潮审美的日用品。为了更好地彰显文创产品的独特性，生活美学成为阐释文创产品设计理念的注解，即用日常生活化与物化的方式重建人们与文化的关系，寻找人们的文化身份。

（一）让器物活起来

"活化"一词原用于解释使分子或原子的能量增大的行为。如今，这

---

① 　杨春时."日常生活美学"批判与"超越性美学"重建[J]. 吉林大学社会科学学报，2010，50（1）：94-102，159-160.

个词早已被众多学者广泛应用于文物保护和利用领域，"文物活化"应运而生。对博物馆的文物进行活化利用就是"发现、阐释和传播文物价值，发挥文物对社会与公众的价值"① 。对文物的活化能够推进文物合理利用，使其适应当代社会。②《中国文物古迹保护准则》指出，文物保护要"延续原有功能和赋予文物古迹适宜的当代功能"。由此看来，文物活化可以被总结为利用、开发、改造文物资源，使其能够脱离原生环境，在当代社会发挥价值。

让传统文物换个面貌重新回到人们的生活，是对传统文化的保护和传承。例如，四川博物院推出的川剧变脸系列纪念玩偶，巧妙地将川剧变脸的特点和精髓运用于玩具设计、制作中，是造型、表情可爱的人偶玩具。人们既可以通过这套玩偶感受到川剧变脸的文化魅力，又可以用这套玩偶装点家庭，增添生活趣味。③ 又如，故宫文创推出的《海错图》书本灯是以藏于故宫博物院的《海错图》为题材的书本灯，将《海错图》题材搬到了人们的日常生活中。暖黄的灯光和奇异、瑰丽的仿《海错图》相映成趣，文化内涵与浪漫陪伴并驾齐驱。

（二）让器物用起来

让传统器物融入日常生活，把传统之物变成寻常百姓家的日用之物。当代生活场景中的改良器物成为被观赏、把玩的精致摆件。传统器物经由文创设计再生的同时，也完成了角色转变。这些经过改造的器物大多精致、小巧，新奇有趣，作为文创产品，不再是隔绝在玻璃罩中的珍贵

---

① 臧卓美．做有温度、有关照的城市文化空间：关于地方博物馆的发展路径 [C]// 常州博物馆．传承与创新：地方性博物馆变革与发展学术研讨会议论文集．南京：南京出版社，2018：30-35.

② 文香．文物建筑活化利用的新模式探析：以广州市锦纶会馆为例 [J]．广东经济，2021（11）：80-85.

③ 李丽娅．四川博物院馆藏文物的"萌"化解读及创新设计 [D]．成都：四川师范大学，2018.

之物，而是可被随时观赏、把玩的摆件。例如，上海博物馆设计了仿青铜器造型的摆件，使仿青铜器的摆件进入人们的家中，作为室内装饰，供人观赏。甘肃省博物馆以元代玻璃莲花托盏为原型制作的蓝莲仙子冰箱贴，将传统托盏造型变为具有当代艺术特色的玩偶。蓝莲仙子五官灵动又不失安静、甜美，头发被设计成一朵含苞待放的莲花，裙子如倒扣的莲花盏，整体形象雅致、活泼，作为冰箱贴放在家中，极具东方韵味。

当代生活场景中的改良器物是被选择和使用的日用产品。以文物为原型设计器物，少不了使器物具备日常功用。例如，原来的顶戴花翎官帽早已退出了历史舞台，而故宫文创以它为原型，设计、制作了日常生活中必备的雨伞，顶戴花翎官帽伞既有趣，又实用，实现了文物的活化。除此之外，还有故宫淘宝发售的朝珠耳机。以清代宫廷特有的物品为原型，设计当代时尚产品，发挥了古代物品的当代功用。再如，现在十分流行的文物雪糕，以云纹犀尊、说唱俑等传统器物为原型，既好玩，又好吃。

（三）让器物潮起来

随着人们对器物的观念从传统转向现代，人们对器物的审美也发生了转向。人们对器物的认知早已不是过去的载物藏礼、遵从自然，而对器物有了更加符合现代工业生产的解读。作为工业产品的器物自然有新的评价标准，这种评价标准即新的器物审美倾向。文化产业出于经济目的，设计文创产品时，必将迎合人们的审美倾向。因此，总结人们对器物的审美倾向，有助于探索文化产业改造传统器物的逻辑。

从简单、古朴的老式器物到现在造型奇巧、风格各异的文化创意产品，人们的审美风格已不同。传统器物的造型设计多遵从简雅素朴的美学观，追求删繁去奢的简洁美和"丹漆不文，白玉不雕，宝珠不饰"（刘向《说苑·反质》）的材质美。而现在，很多人热衷于选择那些具有后现代趣味的日常生活用品，或购买当下最新潮的款式，或挑选附加了自己中意的文化符号的产品。"潮""酷""萌"等符号频繁地出现在当代日常生活用品中，文化产业掀起符号消费热潮。当下流行的博物馆文创也因符号消费而兴起。博物馆文创产品中包含大量具有象征意义的文化符号。消费者购买博物馆文创产品也是因为其中蕴含的符号意义。这些符号大大增强了产品的趣味性。① 例如，故宫娃娃以宫廷服饰为基础，结合当下流行的潮玩形式设计而成，既有活泼可爱的萌表情，又有华丽的宫廷服饰，受到了消费者的喜爱与追捧。

四、仪式的发明：以文旅体验为中心的 IP 建构

仪式一词来源于拉丁语 ritus，"作为研究术语兴起于 19 世纪，其学术研究肇始于人类学领域"②。关于仪式的内涵，综合诸多研究者的观点，可概括出其具有几个基本要点：仪式具有象征性、程式化、传承性，通过程式化的表演，使仪式参与者感知到超越仪式本身的意义，实现对历史记忆的再现和传承。

基于物质条件和科技的高速发展，大众消费需求也相应地发生了改变，有从功能需求到审美需求，进而转变为情感需求的趋势。这种消费心理的嬗变推动了文旅产业的发展，也对文旅行业提出了新颖、奇幻、古韵的高要求。据北京市文物局统计，2023 年春节假期，北京的博物馆累计接待观众约 100 万人次。在全国范围内，节假日期间博物馆都人流如潮。"这既反映了公众节日休闲理念和方式的转变，也体现出博物馆等高层次文旅产品日益走入日常生活，成为公众文化生活必需品。"③

以文旅体验为中心的 IP 建构往往与仪式的发明相生相伴。通过精心设计一个游玩场所，让入场者在浓厚的主题氛围下，沉浸于传统文化带来的民族身份认同和价值认同。例如，位于西安的知名景点"大唐不夜

① 陈萱. 文化认同与符号消费：博物馆文创的符号建构研究 [J]. 东南传播，2022（1）：86-88.

② 彭兆荣. 人类学仪式研究评述 [J]. 民族研究，2002（2）：88-96，109-110.

③ 单霁翔. 让优秀传统文化走入寻常百姓家 [N]. 光明日报，2019-03-05（6）.

城"，通过现代建筑技术，打造出充满唐代风格的建筑群，成功地再现了盛唐文化。很多游客在选择进入这个独特场景时，会自备或租一套唐装，并画上精致的古风妆容，融入背景仿佛成为一种心照不宣的仪式，这种参与性、互动性强的文旅体验吸引了络绎不绝的游客。

（一）特定时间的仪式

"仪式是一个包含丰富的社会观念和社会实践的象征体系，是一种文化建构起来的象征交流的系统。"① 中国文化源远流长，传统节日仪式丰富多样，比如，春节挂灯笼、贴对联，清明节扫墓、踏青，端午节包粽子、赛龙舟，中秋节吃月饼、赏月。几乎每一个重大节日都有一整套仪式。人们依据传统习俗执行这些仪式，传承传统文化。

文化 IP 通过利用民族文化符号，在特定时间，如传统节日、节气、纪念日，进行创意表达、时空展演。近年来，河南卫视在创造性呈现传统文化上引发关注。2021 年，河南春晚舞蹈节目《唐宫夜宴》火遍全网。它借助 VR 科技，把由"妇好鸮尊""贾湖骨笛""莲鹤方壶"等国宝营造的虚拟场景与现实舞台完美结合，呈现出一场东方版的"博物馆奇妙夜"，得到 20 亿次的播放量、上千万条弹幕、5 次上热搜的可喜结果。② 此后，河南卫视又相继推出了《元宵奇妙夜》《端午奇妙游》《清明奇妙游》《七夕奇妙游》《中秋奇妙游》等优秀系列节目，让那些只可远观的历史文物跃然屏幕，令无数网友赞叹传统之美，真正实现了让国宝活起来，让观众燃起来。

（二）特定空间的仪式

列斐伏尔（Lefebvre）的"空间生产"理论是研究空间的重要理论工

---

① 　鲍伊. 宗教人类学 [M]. 金泽，何其敏，译. 北京：中国人民大学出版社，2004：194.
② 　刘巍. 河南省沉浸式文旅消费业态发展现状研究 [J]. 河南工学院学报，2022，30（2）：54-57.

具。受跨学科空间研究影响，关注与日常生活相异的旅游的研究开始重视对空间及空间生产的问题的探讨。国内的文化学者周宪认为，旅游有两个主要作用："其一，是偏离，就是说，旅游通过环境和空间的变化，使得个体从原有的生活链条或连续性中暂时摆脱出来，获得某种新东西。其二，这种新东西在相当程度上来说，是某种类似审美的感性体验，是对理性原则的暂时逃避，凸现了某种感性体验的特征……旅游正是这样一种过程，暂时脱离了理性原则所控制的日常生活，转向一种感性体验的愉悦。"[①] 例如，秦始皇陵兵马俑依托具有历史记忆的空间场域，让游客从日常生活中抽离出来，在观看中感受秦代精湛的陶俑工艺和气吞山河的雄壮景观，成功拥有异时空体验，得以进行异时空狂欢。

（三）特定习俗的仪式

中国幅员辽阔，不少地区的人仍延续着千百年前的传统习俗，并按照民间惯例举行仪式活动。一般而言，仪式活动拥有固定的、象征性的表演。社群成员会不约而同地去共同完成仪式活动，从而实现集体记忆的再现。在这个过程中，社群成员因共享某些文化符号，产生强烈的群体认同感和归属感。我国的传统仪式、民间习俗蕴含着宝贵的文化记忆，有大量可以复兴并创造性改变的内容。不少文旅 IP 就是通过展演特定习俗的仪式来凸显地方特色。

---

① 　周宪. 现代性与视觉文化中的旅游凝视 [J]. 天津社会科学，2008（1）：111-118.

第三章　上篇案例解析

案例一：故事世界导向下的民间
故事重构——以国产动画电影"白蛇"系列为例

近年来，技术的迭代和资本的介入使得 IP 开发如火如荼。传统民间故事 IP 因其家喻户晓、经久不衰的特点占据了 IP 开发的半壁江山。其中，作为国产影视作品中长盛不衰题材的"白蛇传"成为国漫电影《白蛇：缘起》和《白蛇 2：青蛇劫起》的创作基础。在众多的经典影视剧（如电视剧《新白娘子传奇》、电影《青蛇》等优秀作品）面前，国产动画电影要对该题材进行创新演绎实有难度，但"白蛇"系列动画电影却大获成功，获得了票房佳绩和口碑好评。

《白蛇：缘起》和《白蛇 2：青蛇劫起》对"白蛇传"故事的改编不是对传统民间故事的复刻和重述，而是以建构故事世界为导向的故事重构。与此同时，两者在故事世界内核处理以及叙事网络编织方面的差异呈现出了跨媒介故事世界建构的两种不同路径。

一、故事世界的两层结构：沉淀的内核与流动的网络

詹金斯的"跨媒介叙事"理论流传甚广。他对"跨媒介叙事"这个概念的定义极受认可并被广为引用："一个跨媒体故事横跨多种媒体平台展现出来，其中每一个新文本都对整个故事做出了独特而有价值的贡献。"他聚焦于媒介融合，致力探讨跨媒介叙事现象背后的文化经济学逻辑，认为"每一种媒体出色地各司其职、各尽其责"是跨媒介叙事"最理想的形式"①。玛丽－劳尔·瑞安等叙事学家将这个概念进一步概括为"跨媒介的世界建构"，更加强调文学文本的跨媒介叙事运行。她认为，"跨媒介的世界建构"不是"一个像拼图一样把故事拼凑起来的游戏"，更像是引导受众进入他们喜爱的世界的"一趟旅程"。② 这样的理解与美国叙事学家戴维·赫尔曼（David Herman）提出的"故事世界"的概念非常契合。戴维·赫尔曼认为，过去叙事学家一直在试图探索读者如何在印刷叙事、交互界面和电影观看中建立一个被多个故事唤起的精神世界，也就是故事世界。③ 在他眼中，"'故事世界'是被重新讲述的时间和情景的心理模型"④。玛丽－劳尔·瑞安对此也有近似的描述："故事世界就是随着故事里讲述的事件不断向前推进的一个想象的整体。"⑤

戴维·赫尔曼和玛丽－劳尔·瑞安的观点极具启发性，更加符合中国当下文学 IP 的运营方向。对于观众／读者来说，建构故事世界是观看／阅读之后凝结于心的一种建构。但对创作者来说，要想建构故事世界，就要

① 詹金斯．融合文化：新媒体和旧媒体的冲突地带 [M]．杜永明，译．北京：商务印书馆，2012：183.

② RYAN M L. Transmedia storytelling：industry buzzword or new narrative experience [J]. *Storyworlds*：*A Journal of Narrative Studies*，2015，7（2）：1-19.

③ HERMAN D. *Basic Elements of Narrative* [M]. Chichester：Wiley-Blackwell，2009：105.

④ 尚必武．叙事学研究的新发展：戴维·赫尔曼访谈录 [J]．外国文学，2009（5）：97-105，128.

⑤ 瑞安，杨晓霖．文本、世界、故事：作为认知和本体概念的故事世界 [J]．叙事理论与批评的纵深之路，2015（0）：32-42.

使作品具有使观众形成这种心理模型的效果。心理模型映射的是人们所在的真实世界。因此，创作者建构故事世界，必须模拟现实世界的运作，故事世界的"内核"元素与"网络"元素缺一不可。运行内核使受众在无数个不同的文本中获得处于同一个故事世界的信念，而由文本细节垒筑起来的"网络"则描绘出故事世界的轮廓，通过时空语境、人物角色、情节和迁移线索等向受众提供沉浸其中的入口和条件。

（一）沉淀的内核：锚定故事世界的"定海神针"

故事世界的运行内核包括两部分：一是核心世界观；二是核心文本——源故事。核心世界观即故事世界运行的一系列法则，或"预设结构"。核心文本是故事世界建立的基础，是核心世界观最初的载体。[①]

核心文本作为对建构故事世界贡献最大、最具声望的文本，是创作者自上而下地建构与受众自下而上地选择双向互动博弈的结果。[②] 例如，《哈利·波特》系列书籍和电影就构建了一个与现实世界高度相关的魔法世界，其核心世界观与现实世界相仿，魔法部的机构设置也参照了英国的行政系统。其核心文本是哈利·波特视角的学习和冒险。尽管随着叙事的充实，进入这个魔法世界的入口越来越多，但人们往往会对哈利·波特和他的朋友在霍格沃兹的学习和冒险印象深刻。这个拥有完整逻辑的文本就是《哈利·波特》构建的魔法世界的元文本。[③]

（二）流动的网络：描绘故事世界的浩渺苍穹

故事世界在叙事中占据着核心地位。跨媒介叙事若想取得成功，必

[①]　THON J N. Converging worlds: From transmedial storyworlds to transmedial universes [J]. *Storyworlds: A Journal of Narrative Studies*，2015，7（2）：21-53.

[②]　李诗语. 从跨文本改编到跨媒介叙事：互文性视角下的故事世界建构 [J]. 北京电影学院学报，2016（6）：26-32.

[③]　王雅倩.《哈利·波特》的跨媒介叙事研究 [D].青岛：青岛大学，2020.

须建构一个丰富而自足的故事世界。① 故事世界的丰富、自足依靠叙事网络勾画而成。叙事网络可以分为时空语境、人物角色、情节、迁移线索四部分。不同时空语境、不同角色的设定、不同情节的书写以及贯穿叙事的各种迁移线索，都为同一个稳定的故事世界服务。

1. 时空语境

构建故事世界的前提是对时空语境的选择和创造。经典叙事学认为，文学作品中环境的描写是为人物和情节服务的。但在故事世界中，时空语境却承载着世界的存在，是人物设定和情节可以增殖的前提。游戏《王者荣耀》对王者大陆诞生前时间轴的详细介绍以及对王者大陆版图的叙述正是借助时空语境构建故事世界的案例。时空场域作为"语境工具"② 是后期叙事的原野，历史和地图成为利用叙事填补空旷世界这一步骤的前提。

2. 人物角色

人物角色是受众进入故事世界的直接的入口。受众在故事世界化身人物，人物的经历和体验带给受众亲身实践的感觉；受众"袖手旁观"，人物的使命选择、人格品质也使受众得以和故事世界建立情感联系。不仅如此，人物在故事世界中的旅途编织了叙事网络，支撑世界运行的核心价值观也经由重要角色的行为阐释。例如，迪士尼出品的公主系列电影一直致力通过人物角色来诠释女性的成长和自我价值实现，众多角色的奇妙际遇也充实了童话世界。

3. 情 节

在多种细节真实的时空场域中设置承载核心价值观的人物角色，故事情节便随着角色的足迹生根发芽，遍布整个故事世界。人物与人物的交集建立了关系之网，各种各样的情节是创作者对故事世界的描述和完善，也是受众探索故事世界的脚本。情节是使故事世界动态化不可或缺

---

① 祝光明. 试析跨媒介叙事的两种路径：以角色为中心与以故事世界为中心 [J]. 当代电视，2020（8）：29-34.

② MURRAY J H. *Hamlet on the Holodeck*：*The Future of Narrative in Cyberspace* [M]. New York：The MIT Press，1997：236.

的，也是文本经由多种媒介的阐释内化为统一故事世界的基底。

4.迁移线索

对于编织叙事网络、建构故事世界来说，必不可少的迁移线索是众多叙事文本之间的黏合剂。玛丽-劳尔·瑞安认为，故事世界的形式可以看作"多个文本——一个世界——一个故事"，并将故事世界概念的兴起类比其提出的当代文化领域中"增生的美学"的趋势。[①]看来，故事世界与多文本的增生息息相关。但叙事文本的增生并非杂乱无章、遍地开花，而有其迁移线索。文本与文本之间的迁移线索使得受众可以顺着这些显性或隐性的联系将多个叙事文本串联，构建故事世界的心理模型。

二、民间故事重构的两种路径：《白蛇：缘起》与《白蛇 2：青蛇劫起》

故事世界形成需要一个契机，那就是核心文本的热度足够，使得受众对叙事文本中的那个世界感兴趣并关注情节的发展。民间故事历经许多文学作品、电影、动画的阐释，自带流量，是 IP 化和建构故事世界很好的切入口。"白蛇传"故事就是很好的选择。但其改编的电影注定会触碰人们心中的"白蛇情怀"。而完全地复刻、模仿"白蛇传"又会招致观众的审美疲劳。系列动画电影《白蛇：缘起》和《白蛇 2：青蛇劫起》对"白蛇传"故事的处理十分出彩。两者以故事世界为导向，采用了不同的策略对"白蛇传"故事进行了跨媒介叙事尝试，展示了民间故事改编的两条路径。

（一）《白蛇：缘起》：内扣核心的补写式重构

1.继承核心文本，召唤粉丝记忆

"白蛇传"故事在受众心中早有建构。《白蛇：缘起》的创作者意识

---

① 参见：玛丽-劳尔·瑞安在第四届叙事学国际会议暨第六届全国叙事学研讨会上的大会主题发言稿《文本、世界、故事：作为认知和本体概念的故事世界》。

到了这一点，不但未解构原来的"白蛇传"故事，而且参考了电视剧《新白娘子传奇》、电影《青蛇》等历来广受好评的影视作品，保留了人蛇恋和善恶之辨的核心设定，构建了"白蛇世界"，迎合了"原著粉"对"白蛇传"故事的期待。在《白蛇：缘起》中，"白蛇传"故事尚未被解构，许仙的前世许宣与白素贞的前世小白因救命之恩相知相恋，又因人蛇差异受阻。小白的善良使她具有了"人性"，国师的邪恶使他具有了"妖性"，人妖之辨在善恶冲突中变得模糊，这正是原来的"白蛇传"故事的核心。由此看来，《白蛇：缘起》并未脱离改编中以源故事为中心的准则，依旧是对人蛇之恋和善恶之辨的动画演绎。

2. 补织故事网络，构建"真实"的故事世界

第一，历史化时空设定。《白蛇：缘起》对"白蛇世界"在时空语境上的处理也十分巧妙，尝试将民间传说放置于真实的历史朝代，并借助朝代政策特征创新情节与改动设定，使受众能够借助这样的时空语境产生信念感，获得沉浸式体验。电影在时间上由宋往前推至唐代，对"白蛇传"故事进行前世的想象与阐释，在空间上将故事的发生地点由杭州西湖改为柳宗元《捕蛇者说》中提到的永州，并且结合《捕蛇者说》的内容与晚唐佛教、道教昌盛的历史设置了更为真实的故事背景。晚唐捕蛇盛行的背景为人蛇矛盾的建立提供了天然的社会环境，也促成了前世许宣拯救白蛇情节的合理。这样，历史化的时空设定实现了虚构性文本世界的模拟时空与历史真实事件的勾连，从而使观众获得融入感很强的接受体验，更能够感受到"白蛇世界"的存在。[①]

第二，互文式重塑核心人物。民间故事中的核心人物往往深入人心。要想重塑人物形象，就必须挑战原有的"权威"。《白蛇：缘起》就核心人物对几个经典文本进行了互涉融合：许宣不再是一个懦弱无能的许郎中，而是一个有侠气、待人真诚、勇敢、正义的捕蛇人；白蛇不再是《新

---

① 叶凯．中国神话叙事作品改编的跨界迁变与逻辑递进[J]．电影新作，2021（1）：64-73．

白娘子传奇》中的仙妻形象，而是仙气飘飘、大方坚毅的侠女。向往"御风而行""天地之间逍遥游"的许宣非常符合金庸武侠世界中侠者的形象，身着一袭白衣、头上频现龙角的小白像小龙女。互文式重塑既能够让受众对原有角色产生新奇的感觉，又能够给予受众"彩蛋"，是《白蛇：缘起》的一大亮点。

第三，身份对调式的前传书写。从"白蛇传"故事中的白素贞委身许仙、操持家业到《白蛇：缘起》中许宣英雄救美、为情化妖，许仙、白素贞二人的身份近乎对调，白素贞操持保安堂、救许仙性命，许宣救失忆的小白、为她幻化成妖。多利策尔（Doležel）认为，故事世界的扩张存在多种方式：平行世界、扩展世界、重置世界。平行世界即原有的情节设定不变，但时空被置换；扩展世界即对原有故事的前传和后传进行撰写；重置世界即对整个故事结构完全改写。①《白蛇：缘起》的前世情节解释了"白蛇传"故事中白素贞"完美仙妻"追求许仙"懦弱郎中"的逻辑漏洞，将前世的救赎化为"白蛇传"故事中的叙事动力，完成了"白蛇传"故事的前传叙事，但身份对调式的书写又近似平行世界的再叙述，是《白蛇：缘起》在情节网络这一方面对"白蛇世界"的充实和扩展。

第四，器物线索指向源故事。《白蛇：缘起》还以细节器物为线索，强化动画电影和源故事的联系，不断地唤起观众对"白蛇传"故事的记忆。无论是小白的骨钗、小青的丝带、"保安堂"牌匾，还是油纸伞，都与"白蛇传"故事相呼应。"保安堂"牌匾对应许宣之后许仙的医者身份，油纸伞再度出现在"西湖借伞"的剧情中。对细节器物的利用是《白蛇：缘起》与源故事相联系，使其成为前传的关键一步。

---

① DOLEŽEL L. *Heterocosmica*：*Fiction and Possible Worlds* [M]. Baltimore：Johns Hopkins University Press, 1998：201.

（二）《白蛇2：青蛇劫起》：外向离心的重置式重构

1.脱离核心文本，尝试主题创新

作为"白蛇"系列动画电影中的第二部，《白蛇2：青蛇劫起》的起点已不是经典的"白蛇传"故事，而是《白蛇：缘起》。致力构建"白蛇世界"的创作者另辟蹊径，企图重置"白蛇传"，尝试叙述与古色古香的侠侣之恋不同的未来狂想。在《白蛇2：青蛇劫起》中，主题不再是小白和许宣的人蛇之恋，而是小青一人的执念和冒险。《白蛇2：青蛇劫起》脱离了核心文本，是对以往经典叙述的创新和突破，为传统民间故事的重构展示了一条新的路径。

2.重置叙事，开拓虚拟的奇幻世界

第一，延展时空版图。要对时空语境进行创新，就要延长故事的历史，拓宽叙事文本涉及的版图。《白蛇2：青蛇劫起》不仅在时间上由宋代延至小青历劫，再延至人间现代，还参考了《大宝积经》中记载的四恶道设置叙事场景，以对修罗道的着重叙述引出拥有三界六道的"白蛇世界"。从人间到修罗道，"白蛇传"故事经由《白蛇2：青蛇劫起》的重构不再局限在一个空间之中。不仅如此，故事世界地图的开拓还为多个叙事文本的落地提供了可能。幻想地图不仅是辅助读者理解故事情节的副文本配件，更是一套不断运作的沉浸机制。[1] 人物角色因故事世界地图的开拓有了更大的活动空间，叙事因此能够实现增殖。

第二，聚焦边缘人物。《白蛇2：青蛇劫起》在人物角色方面的处理也与《白蛇：缘起》不同。青蛇作为白蛇身边的丫鬟在"白蛇传"故事中是边缘人物，而《白蛇2：青蛇劫起》却将她设为主角，表现她的历练、成长。这与其说是青蛇"劫起"，不如说是青蛇"崛起"。《白蛇2：青蛇劫起》挖掘了边缘人物小青的情感动机，以她在修罗城的冒险表现了她的独立、坚强，强化了青蛇与白蛇的姐妹情。此外，《白蛇2：青蛇

---

① 施畅.地图术：从幻想文学到故事世界[J].文学评论，2019（2）：48-59.

劫起》中还穿插着司马官人、孙姑娘、牛魔王等不同人物的故事，这些人物各有特点，不再是主角的"附庸"。从"白蛇传"故事到《白蛇2：青蛇劫起》，人物的刻画重心由核心转向边缘，人物的塑造存在由单一到群像的转变趋势。

第三，朋克与废土的后传幻想。《白蛇：缘起》是遵循源故事基本设定的古色古香的浪漫演绎，《白蛇2：青蛇劫起》则是对"白蛇传"故事后续的朋克与废土风格的书写。虽然《白蛇2：青蛇劫起》中的修罗城是三界之外的"异世界"，但其中现代化的高楼大厦、汽车、摩托、商场、超市应有尽有，与现实社会几乎无异。机车飞驰于现代街区，汽油补给、铆钉装饰的武器都能带给观众强烈的朋克式的视觉冲击。修罗城中的人、妖、鬼怪弱肉强食，加上风、水、火、气四劫频繁出现，又让人想到自然资源被消耗殆尽的废土世界。灾难频繁轮替，人们的日常生活感完全丧失，只能拉帮结派，寻求一隅庇护之所，该电影整体呈现出一种荒凉、诡谲的末日景象。《白蛇2：青蛇劫起》打造了灾难叙事空间，展现了修罗城中的人性堕落，并将小青放置于修罗道之中，以她的历练作为新的故事情节充实了"白蛇世界"。朋克风格的场景叙事和末日废土的后现代题材都暗示着《白蛇2：青蛇劫起》对"白蛇传"故事的重置，创作者以传统故事为跳板打造新世界的企图也随之尽数显现。

第四，人物线索指向外展世界。《白蛇2：青蛇劫起》相较于《白蛇：缘起》在迁移线索的设置上也有不同的侧重点。《白蛇：缘起》重视器物，其迁移线索多为细节之物。而《白蛇2：青蛇劫起》不仅保留了贯穿前传与源故事的骨钗和青色丝带为关键器物线索，更强化了双面狐妖的形象，赋予了这一人物线索功能。双面狐妖以宝青坊坊主的身份出现在《白蛇：缘起》中，贩卖法器，做人妖互易的逆天之事，又以万宜超市老板的身份出现在《白蛇2：青蛇劫起》中，与人、妖、鬼怪都做交易，可以说是置身三界六道之中、游离于规则之外的神秘人物。《白蛇2：青蛇劫起》借双面狐妖之口道出"白蛇世界"的天机，无疑是以她为贯穿三界六道的线索，打通整个"白蛇世界"。追光动画以她为入口展开故事世界的建构，目的是想要借助"白蛇传"故事进行长期创作，坚持输出。

三、基于民间故事资源的中国故事世界建构经验

当下我国文学IP运作的热潮中，千古流传的传统民间故事成为众多创作者的灵感来源。基于传统民间故事资源的故事世界建构随之获得了IP运营者的重点关注。以"白蛇传"故事为基础改编的《白蛇：缘起》票房破4亿，豆瓣评分7.8，《白蛇2：青蛇劫起》票房破5亿，豆瓣评分6.8，两者是国产动漫电影中的佳作。但"白蛇"系列电影并非无可挑剔，而是各有优劣。两者都以故事世界为导向对传统民间故事进行了重构，但相较于《白蛇：缘起》，《白蛇2：青蛇劫起》的豆瓣评分却有所下滑，有"高开低走"的嫌疑，这值得深思。

（一）在忠于内核的基础上创意叙事

传统民间故事作为优秀的民族文化资源和故事想象资源，是建构故事世界、打造故事IP的宝库。但传统民间故事久经流传，先入为主。以此为基础进行影视改编，若改编不当，便会被其"反噬"。故事世界始终是一个心理模型，通过作品内化于欣赏者心中。作为故事文本的消费者、故事世界的接受者和共同构建者，观众（读者、游戏玩家）也掌握着评价故事世界的话语权。可见，创作者对"原作"的研读以及对人们基于"原作"构建的心理模型的挖掘很有必要。《白蛇：缘起》贴合了观众对"白蛇传"故事的想象，因此大获好评。而《白蛇2：青蛇劫起》对源故事的脱离略显急切，又作为"白蛇"系列动画的第二部出现，不免让带着情怀的观众意外，加上朋克、废土等现代元素与第一部差距过大，使得"白蛇世界"的稳定性大打折扣。

当然，以源故事为核心并不意味着要局限在原有情节上，《白蛇：缘

起》在情节上精心编织，设置合理的时间线和历史背景，填补了源故事中许仙前世的空白人设，将许仙的前世许宣塑造成作为"拯救者"的侠义形象，解释了"白蛇传"中白娘子为了许仙默默付出的原因，是既坚守源故事核心又有新意的佳作。

（二）刷新时空，但保持叙事语境统一

时空语境是拓展故事世界很好的切入点，《白蛇2：青蛇劫起》更新了"白蛇世界"的时空，开拓了"三界六道"的故事世界版图。修罗城集结了人、妖、鬼怪，为创新叙事文本提供了温床。但《白蛇2：青蛇劫起》无论是人物穿着还是场景风格都偏重于西方的赛博朋克，与中国传统民间故事的古风差距过大，未能够很好地将两者进行融合。可见，故事时空可以更新，但必须考虑源故事的叙事语境，才能使故事之网兼具中国风格和流行风味。[①]

（三）以群像塑造为方向，但不魔改经典角色

经典 IP 的改写需要新的人物拓展叙事领域，但他们必须具有独特性格、独立人格（适用于人、神、妖或各种动物乃至各种被作为生命形态表现的物体）和独有魅力。[②]《白蛇2：青蛇劫起》在这方面有所突破，其中的罗刹门门主司马官人、牛头帮帮主、双面狐妖都戏份充足，推动了情节发展，给观众留下了深刻印象。群像的出现充实了"白蛇世界"，每一个人物都有血有肉，能够建构自己的叙事系统。但《白蛇2：青蛇劫起》对小白的再叙事却略显失败。"性转"的小白使得小白和小青的姐妹情打上了"爱情"的擦边球，在一定程度上颠覆了《白蛇：缘起》中

---

① 　张晗.《白蛇2：青蛇劫起》的跨媒介叙事创新 [J]. 电影文学，2022（1）：144-146.

② 　盘剑.《白蛇2：青蛇劫起》："改写"、建构与突破 [J]. 当代电影，2021（9）：16-19，182.

小白的侠女形象，惹来了众多观众的不满。可见，经典角色往往是故事世界的重要支撑。对其进行魔改风险大，很有可能影响故事世界的稳定性，使得观众难以接受。

（四）设置多种迁移线索，以增强故事的钻探黏性

玛丽－劳尔·瑞安认为，"故事世界就是随着故事里讲述的事件不断向前推进的一个想象的整体。要理解故事，跟上故事发展的节奏，就意味着我们需要利用文本提供的线索，在心理上模拟演练故事世界里发生的变化"①。对于创作者来说，构建故事世界需要线索的加持。在这一点上，《白蛇2：青蛇劫起》更进一步，完善了双面狐妖这个人物的线索功能，使这个角色成为拓展叙事体系的基点。从器物到人物，多种迁移线索的设置有利于繁荣整个故事世界，强化多个叙事文本的联系，加深受众对作品的印象。多种迁移线索是建构故事世界的重要工具。

追光动画出品的"白蛇"系列动画电影不同于以往的传统民间故事题材动漫电影，在建构故事世界这方面有了很大的进步，但中国的以建构故事世界为导向的传统民间故事 IP 运作依然有进步空间。基于传统民间故事构建故事世界的中国式改编路径仍需后来的创作者进行探索。此外，中国还有相当一部分故事资源尚未被开发和利用。期待中国故事的跨媒介叙事能有更好的未来。

案例二：文物再成"器"——传统器物
审美活化的实践路径和价值判断

传统器物是与人类现实生活和精神世界息息相关的传统器具，曾经在它们的时代发光发热，但时代的变迁使得它们不再得到人们的广泛应

---

① 瑞安，杨晓霖．文本、世界、故事：作为认知和本体概念的故事世界[J].叙事理论与批评的纵深之路，2015（0）：32-42.

用。人们看到它们朴素典雅的花纹、精妙绝伦的设计，或许会感叹器物制作者精湛的技艺和超群的智慧，却不再会将其作为日用之物来看待。传统器物因此从被用变为被看。文创产业的兴起使得传统器物重新焕发了光彩。它们不再仅仅停留在历史资料的记载与博物馆的展览中，而变成一件件改良的日用之物，进入了家家户户的生活。传统器物因此从特定场景的被看返回生活场景的被看与被用，实现了活化。传统器物由"死"复"生"，是文化产业兴起的结果。文创产品的火热又和当代人的审美息息相关。本节旨在厘清"审美活化"的概念，从传统器物的当代角色转变出发，分析其背后的器物审美转型，进一步探索文化产业对传统器物的审美活化的逻辑，分析传统器物审美活化的当代价值和局限性，为文化产业进一步开发、利用传统器物提供理论依据和价值支撑。

一、传统器物的审美活化：文物再成"器"

随着文物保护、利用理念的不断发展，"活化"一词的内涵也得到拓展与细化。文物保护、利用内容与形式趋于多元，文物活化也在不同的语境下体现出了不同的内涵。[①] 审美活化就是在日常生活审美泛化的语境下对"活化"这一概念含义的延展和深化，可解释为"通过改造传统文博器物，使其适应当代审美，从而实现其活化"的行为。目前，博物馆文创热度渐涨。文创体验就是对文物进行精神审美活化的过程。文创体验有助于非物质文化遗产的挖掘、利用，避免传统文化成为遗产。

事实上，文化产业可利用的传统文化资源不只是文博器物，还可以是与人类现实生活和精神世界息息相关的其他传统器具。将文物的范畴扩大到传统器物，迎合器物审美转型，对其进行改造，使原本"失语"的传统器物作为文创产品重新回到人们的日常生活，再次成"器"，就是文化产业对传统器物的审美活化。

---

① 　李博雅. "活化"语境下唐妞的诞生、成长与未来 [J]. 中国博物馆，2019（4）：85-91.

二、传统器物审美活化的表现：器物角色转变

传统器物之所以成"器"，是因为其在过去有日用的功能，而很多传统器物都以湮灭作为自己的最后归宿。这湮灭有时是个体代谢的结果，有时则是整个器物种类的消亡。即使是保留至今的传统器物，也免不了"相对性湮灭"的下场，失去满足日用需求的能力，被束之高阁，以文物的身份生存。[①] 文物只能作为文化载体供人瞻仰，作为历史资料供人查阅。

传统器物在当代是静态的、沉默的，而文化产业的出现改变了这种情况。2013 年 12 月 30 日，习近平在中共中央政治局第十二次集体学习时强调："要系统梳理传统文化资源，让收藏在禁宫里的文物、陈列在广阔大地上的遗产、书写在古籍里的文字都活起来。"博物馆文创成为热潮。文创产品的设计者从传统器物中的文化符号中获得了灵感，隐藏在文化历史语境之中的传统器物因为众多文创产品变得鲜活，成为当代生活场景中的改良器物。

仿原生场景中的传统器物是被瞻仰的文化载体。当旧式工匠带着祖传的技能相继离世，老式器物也一步步向人们的日常生活告别。无论是油灯、烛台、蓑衣、木屐、织机等老式器物，还是陶俑、玉佩、钱币等从墓穴中挖掘出来的葬器，又或是原本就承担着礼器角色的钟鼎，流传至今，都相继"失语"，成为博物馆中的孤寂展品。瞻仰传统器物的人和被瞻仰的传统器物隔着玻璃罩和警报器，只剩下"生与死的互望"。[②] 在这种情形下，传统器物从形体、材质到色彩、图案无一不具有象征意味。不了解它们的功用及历史已经无可厚非，人们将它们视为文化载体，仅仅玩味它们的文化符号，所谓的实物已虚化。

仿原生场景中的传统器物是被查阅的历史资料。当然，沉默的传统

---

① 朱大可. 上海世博的器物叙事：器物文化遗产的遗忘、拯救与复兴 [J]. 河南社会科学, 2010, 18 (5): 54-59, 234.

② 朱大可. 上海世博的器物叙事：器物文化遗产的遗忘、拯救与复兴 [J]. 河南社会科学, 2010, 18 (5): 54-59, 234.

器物并不仅仅是博物馆中的展品，作为文物的它们牵扯着众多的故事，在当代作为一种历史资料被人们查阅。包括各时代珍贵的艺术品、生活用品以及反映各时代社会制度、社会生产、社会生活的具有代表性的其他实物等人类文化遗物在内的传统器物背后的信息量巨大，无论是作为传统工艺的成果，还是作为历史变迁与文化发展的证明，它们都是历史文化研究的上佳对象。所以，博物馆以物为载体，以对物的研究为其基础的专业行为，以器物研究为显学。① 每当文物研究者力图将传统器物还原到原生场景中进行推理和判断，传统器物就短暂地"穿越"回了其所属的年代。但这并不意味着传统器物的重生，被研究的传统器物和藏在图书馆中的文献资料十分相似，查阅它们的人并不多。

三、传统器物审美活化的现代语境：器物审美转向

（一）审美风格变迁：从简雅素朴到有趣新潮

传统器物往往简雅素朴。明代沈春泽的《长物志·序》云"删繁去奢之一言，足以序是编也"，意在对器物造型的烦冗、奢华进行反对，提倡简洁、朴素之美。不仅如此，传统器物还具有不雕不饰的材质之美。这一点在传统玉器的加工上体现得很明显。传统玉器加工者推崇玉性，认为玉本身的秉性比任何雕饰都更为重要，所以才会有《荀子·法行》中"虽有珉之雕雕，不若玉之章章"这样的观点。②

现在，很多人喜欢具有后现代趣味的日常生活用品，或喜欢当下流行的款式，或喜欢附加了一些文化符号的产品。符号消费掀起文化产业热潮。博物馆文创也因符号消费而兴起。博物馆文创产品包含一些有象

---

① 蔡琴. 物与记忆：论博物馆的器物研究 [J]. 国际博物馆（中文版），2011,63（1）：32-38.

② 梁梅. 致用为本，简雅素朴：中国传统器物设计美学观 [J]. 中国文学批评，2018（3）：46-54，158.

征意义的文化符号。消费者因此而购买博物馆文创产品。

（二）审美意趣转变：从致用为本到满足想象

随着生活物资的富足和文化产业的兴起，人们对器物的审美期待也发生了巨大的变化。后工业社会，产品的非物质比重的提升使得人们对器物的美学要求、文化要求、服务要求都大大提高，"备物致用"的审美意趣转变为诗意的生活想象。[①] 原来人们大多只期待器物满足他们对实际功用的需求，崇尚致用为本的器物美学观；如今，人们更加期待能够和器物建立起情感联系，期望器物也能够满足他们对诗意生活的追求，开始从实用审美转向象征性、文化性、符号性审美。人们总是选择风格明显、元素个性的器物装点生活。市面上的潮流也日趋多元化。比如，有人想要简洁、自然的生活氛围，便会选择极简风格的器物用于日常生活；有人喜欢庄重、古典的气氛，就会选择传统的中国风家具。他们并不简单地要求器物便于使用，还需要器物满足他们对不同生活的想象和追求。

（三）审美方式变革：从凝视、静观到把玩、互动

过去的审美经验聚焦于艺术领域，而日常生活的审美多被忽略。随着时代的发展和人们生活水平的提高，日常生活审美得以被关注。日常器物审美的流行意味着器物审美方式发生了变化。当作为文化遗产的传统器物走进人们的日常生活，它便具有了日常器物的趣味性。过去，人们藏礼于器、载道于器，是以静观的方式审视器物之美；现在，人们近距离欣赏、把玩手中器物，是以介入的方式来审视器物之美。[②] 比如，很多人都会在自己的办公桌上放置自己喜欢的手办摆件。这些手办摆件随

①　张瑾婷. 从"经典"到"日常"的审美转型：对当代文创产品的影响与启示 [D]. 无锡：江南大学，2016.

②　孟凡生. 从"静观"到"介入"：论审美经验的当代建构与复兴 [D]. 上海：华东师范大学，2017.

时可以被欣赏、把玩，对喜欢它们的人来说，不仅仅是器物，更是日常生活中随叫随到的陪伴。

四、传统器物审美活化的实践路径："形""意""用"改造

传统器物因时代变迁而"失语"，从原来的实用之器变成了橱窗里的象征之物。要想实现传统器物的活化，就必须使其重返人们的日常生活。无论从审美风格、审美意趣来看，还是从审美方式来看，传统器物都不符合当代人对器物的需求和想象。因此，文化产业根据当下的器物审美，从造型、意义、功用三个方面对传统器物进行了改造。一是物之形合乎审美风格的变迁。文化产业对器物的造型进行精心设计，将传统器物中的文化符号与当下的流行元素结合起来，以此实现对传统器物风格的改造，使其符合当下的审美。二是物之意合乎审美意趣的转变。文化产业对传统器物的改造还体现在对其文化内涵的吸收和利用上。传统器物承载了厚重的历史文化，若加上如今人们的诗意想象，将成为很好的日常器物。三是物之用合乎审美方式的变化。文化产业对传统器物的改造也体现在对其功用的调整上。无论严肃、庄重的后母戊鼎，还是古朴典雅的《千里江山图》，甚至是传国玉玺，文化产业对其造型和功用进行创意改造，生产出趣味摆件、书画镇纸等日常器物，人们可以随时购买这些日常器物。缩小的手办使硕大的文物变得易于接近，化作耳机、牙刷、手机支架等日常生活用品的传统器物与人们之间的距离不再遥远，人们可以把玩、近观这些改造后的日常器物。

五、传统器物审美活化的当代价值及不足之处

（一）传统器物审美活化的当代价值

1.平衡大众化与精英式的审美风尚

工业革命之前，因权贵和精英分子对文化艺术生产的垄断，传统的

审美多为精英式审美，大众并无审美风尚的发言权。①工业革命带来的技术进步使得艺术可复制、可消费，大众文化因此成为主流。然而，大众审美促成的审美通俗化并非毫无缺点，从前的审美风尚也并非无可取之处。文化产业从传统器物中汲取传统手工技艺的营养，生产现代工业产品，使传统手工技艺在现代工业产品中再现，这种工业产品恰好平衡了大众化和精英式的审美风尚。传统器物无论在色彩搭配上还是在花纹样式上都十分考究，文化内涵非常丰富，这些都可以为现代工业产品设计提供参考。文创产品作为改良之后的器物，既有精致、考究的外表，又融入了传统器物的文化内涵，还能够被复制生产，成为新时期的潮流，这对原本二元对立的大众化审美和精英式审美来说是一种和解。

2.实现审美活动非功利性和经济性的融合

自古以来，审美活动的非功利性一直居于首位。随着审美活动对日常生活领域的渗透，其非功利性逐渐朝着娱乐性和经济性的方向发展。与此同时，人们的实用需求和精神需求也因工业革命带来的技术进步得到了极大的满足。文化产业对传统器物的活化既保留了传统器物之美，让人们在日常生活中就能感受文化遗产的精妙绝伦，又实现了工业生产，生产出由传统器物造型改造而来的产品，使人们得以更加便利地对这些产品进行审美消费和日常使用，这实现了人们的器物审美活动的非功利性和经济性的完美融合。

3.再现传统文化记忆

"文化记忆"这个学术概念是由德国学者扬·阿斯曼（Jan Assmann）基于法国社会学家莫里斯·哈布瓦赫（Maurice Halbwachs）的"集体记忆"理论提出的。扬·阿斯曼认为，文化记忆是每个社会和每个时代特有的重新使用的全部文字材料、图片和礼仪等的总和。②器物其实就是记忆的

---

① 张瑾婷.从"经典"到"日常"的审美转型：对当代文创产品的影响与启示[D].无锡：江南大学，2016.

② 阿斯曼，金寿福，黄晓晨.文化记忆：早期高级文化中的文字、回忆和政治身份[J].史学理论研究，2015（3）：49.

载体和传达记忆的媒介。传统器物承载着许多传统文化记忆，时代的更替使得这些记忆随着传统器物的"失语"逐渐模糊。而文化产业对传统器物的活化使得传统器物以新的方式重新出现在人们的日常生活中，这也就意味着传统器物承载的部分文化记忆能够再度被大众读取。

（二）传统器物审美活化的不足之处

1. 过分追求时尚，而忽视文化内涵

部分文创产品存在过分追求时尚而忽视文化内涵的情况。比如，北京故宫为了迎合年轻女性，推出了以故宫博物院馆藏文物为设计灵感的彩妆产品。虽然其包装使用了与文物相关的花纹装饰，但其背后的文化属性经不起推敲。这样的商业性占主位的文创产品不利于北京故宫文创研发的发展。文化产业对传统器物的活化应避免过分追赶潮流文化，避免使传统文化成为器物的附庸，一切对传统器物的活化都应该重视传统文化符号在当代器物中的立足。

2. 未对传统文化内涵进行深度解读和阐释

一些文创产品无法起到深度解读、阐释传统器物的文化内涵的作用。当审美消费成为一种常态，公众的审美感知已经不再具有自律性，这多少会消解传统器物的文化属性，增强其经济属性。[①] 这就需要文创产品的设计者拥有一定的文化自觉，深度解读传统器物背后的文化内涵，并在对传统器物进行审美活化的过程中，尽可能地对其文化内涵进行当代阐释，将优秀的传统文化传承下去。

文化产业对传统器物的活化是产业汲取、利用传统文化的尝试。文化产业对传统器物的造型和功用等进行改造，使被时代淹没的传统器物再次回到人们的日常生活之中，使改造后的产品符合当代人对日常生活器物的审美期待。文化产业的发展助推了传统器物的再利用，使其得以

---

① 刘超. 现代性困境的突围：从审美现代性到日常生活审美化 [J]. 柳州师专学报，2010，25（4）：13-15.

由"死"复"生"。对批量生产的日用品产业来说,这当然是一种进步。但对传统文化本身来说,其作用并不明显。文化产业在利用传统文化的同时,也要正视产品承载的精神文化内涵,不能仅仅将传统文化作为一种包装和噱头,避免出现商业属性大于文化属性的情况。期待文化产业对传统器物的审美活化能够更进一步,承担起复兴优秀传统文化的使命。

中篇　文化传播之变：
"传统"经由媒介而再现

第四章　媒介融合：数字语境
与传统文化的创意传播

　　关于传统文化在当代社会中的转化与传播，一个重要的课题是媒介化生存。中国传统文化的传统传播环境是人际的、群体的、组织的。在如今基于电子视听媒介的大众传播时代、由数据算法和人工智能支撑的数字传播时代，传统文化遭遇一种表达困境与生存危机（如传统的艺术形式戏曲在当代的遭遇），需要与当代媒介及其支撑的大众文化、流行文化进行融合，方能获得传播、传承与再生产的更多机会。此外，近年来，国家将优秀传统文化作为执政资源，作为参与全球化竞争与寻找民族文化身份认同的力量，致力传承与弘扬优秀传统文化，提倡对传统文化进行创造性转化与创新性发展。传统文化的传播得到官方的大力支持。充分利用各种新兴的媒体渠道与阵地传播传统文化，亦是题中之义。传统遇到流行，传统文化面临全新的且不断更新的媒介环境之际，必然面临新的契机与挑战、新的整合与重塑。

一、数字时代的传播语境

　　曾经，人们探讨传统文化的现代传播，面临的媒介是以电视、电影为代表的视听媒介，关注的是电影、电视节目等现代媒介作品对传统文化的讲述是否正确。而随着互联网社交媒体的普及和发展，以及近年来5G、8K、大数据、人工智能、区块链等信息技术的发展，以5G为核心的高速移动互联网强力驱动媒介形态变革、传媒业态重构。媒介领域发生大变革、大转型、大融合，一个融传统媒体与新兴媒体、融传媒与受众互动于一体的融合媒介时代到来。在文化领域，"数字"成为产业和消费的重要前缀，文化产业的基本结构发生巨大变化，文化消费新场景不断出现，新兴业态不断涌现，人们的生活方式与思维方式，感知文化、创造文化、与文化互动的方式也在不断变化，人们进入一个数字文化的新时代。

（一）数据库：视觉化、互文性与影像拼图

人们早已习惯，拿起手机就能浏览或观看来自世界各地的图文和影像。短视频更是将资讯压缩到几分钟甚至几秒钟。人们越来越倾向于观看短平快、碎片化、泛娱乐的信息。主要以文字、图片、器物为载体的传统文化，该以怎样的面貌、通过什么形式在这个图像时代传播？最后又会形成怎样的文化景观呢？

周宪是较早关注文化和图像关系的学者。他指出，读图时代的到来意味着传统的语言主因型文化被图像主因型文化取代，并阐释了这一转向的两层意义：第一，它表明了当代文化越来越围绕着图像来结构和运转；第二，从语言到图像的转向不仅标志着文化的深刻变迁，也标志着以语言为中心的思维模式和研究方法受到了严峻挑战。[①] 图像文化已经渗透当下文化生活的每一个角度。图像不仅影响到文化，还对人们的思维方式产生了不容小觑的影响。在电子媒介时代，人们更多地通过图像了解社会，一切信息都可被视觉化，然后通过各大媒介的发布，进入大众视野。

当代媒介文化是偏重视觉的文化。在这种偏重视觉的媒介文化中，

---

① 周宪 ."读图时代"的图文"战争"[J].文学评论，2005（6）：140-148.

传统文化首先应变成可见的图像，才更容易被看见、被传播。传统文化在多种媒介中得到再现，这些媒介大多是偏重于视觉的媒介。很多传统文化在视觉媒介的作用下广为人知，如综艺《国家宝藏》采用故事新编、场景再现、馆长讲述相结合的方式，让国宝背后深厚的文化内涵得以直观地呈现在观众面前，实现了一场场历史记忆的重现。此外，还有《如果国宝会说话》《历史那些事》等纪录片，很好地融合了知识性、趣味性、当代性，片中不时冒出的网络流行语能激起观众的交流冲动，观众纷纷在弹幕中表达自己的喜爱。这些纪录片实现了传统文化与当下潮流的互动。

传统文化在不同的媒介文化中是一种同构关系，它们之间存在明显的互文性。1966年，法国符号学家朱丽娅·克里斯蒂娃（Julia Kristeva）提出"互文性"概念，指出"任何文本都是由引语的镶嵌品构成的，任何文本都是对另一文本的吸收和改编"[①]。后经罗兰·巴特（Roland Barthes）、布鲁姆（Bloom）、热奈特（Genette)等文论家的延伸与阐释，互文性成为一种应用广泛、内蕴丰富的文本理论。

互文性理论认为，没有任何文本是真正独创和独立存在的，所有的文本必然相互参照、彼此牵连，形成一个联结过去、现在、未来的巨大的可供无限延伸的符号网。[②] 符号网即亨利·詹姆斯（Henry James）所谓的"跨媒介叙事网"：将同一个故事通过不同的媒介讲述出来，它们之间既有内在思想的一致性，呈现出相互补充、相互指涉的特性，又在具体图文、影音、VR、游戏等不同媒介里各有特色，最终共同构筑读者的想象世界。

那些被视觉化、视听化的文化文本存在着跨媒介相互流动，比如，

---

① KRISTEVA J. Word, dialogue and novel[M]// MOIED T. *Kristeva Reader*. Oxford: Blackwell, 1986 : 36.

② 罗立兰.符号修辞：基于IP电影的跨媒介互文传播解读 [J].东南传播，2017(5):8-10.

孙悟空就是一个被反复建构的形象。在游戏《王者荣耀》中，孙悟空的皮肤有9款。该游戏推出了参照1986年首播的电视剧《西游记》中毛脸雷公嘴形象的孙行者，模仿电影《大话西游之大圣娶亲》的至尊宝，融合了动漫《大圣归来》的美猴王形象，等等。原著《西游记》中孙悟空神通广大的法力被巧妙地设计成游戏里的"暴击"技能，他连续挥动三下金箍棒即可给对方造成极大伤害，用筋斗云腾云驾雾的法力在游戏场景中则变成可穿过障碍物的特殊技能。该游戏与经典影视、原著文本构成"你中有我，我中有你"的紧密联系。游戏玩家在《王者荣耀》里，可明显感受到中国传统文化的积淀和民族共同记忆的召唤，跨媒介的指涉使各媒介中的传统文化内容形成互文性的关系。这些具有互文指涉性的媒介文本不是孤立存在的，而是存在着千丝万缕的联系，并且由于媒介的开放性，用户生产内容的时代来临，每天都有海量的改编性或原创性的文本被生产出来。这些文本汇聚起来，成为一个庞大的"影像数据库"。例如，短视频单一的某个片段的意义不大，但是所有的片段汇聚成一个整体，就是一个庞大的影像拼图，具有整体的意义。

（二）微传播：碎片化、接近性与参与文化

新媒体时代，随着移动通信网络的推广和以智能手机、平板电脑等为代表的移动个人互联设备的迅速普及，移动终端新群体从新媒体集群中分化出来的，以社交网络为媒介带动起来的短、平、快的信息与内容的全方位互动传播方式，聚集成一个庞大的集群——微传播。① 集群中的微博、微信、微视频、移动客户端等应用，急速地改变着民众的传播环境和舆论场域，快速地展现出递增的力量和传播的价值，已成为全新的具有影响力且有广阔前景的媒介。

微传播的核心特征就是"微"，传播的内容为微内容，传播的渠道

---

① 王宇，童兵. 微传播：当代媒体的新集群：2014年微传播发展扫描 [J]. 新闻爱好者，2015（1）：9-14.

是微介质，传播体验是微动作与微关系，进而衍生出各种以"微"字冠名的概念、现象与应用，如微新闻、微电影、微小说、微广告、微营销、微信用、微支付、微投资、微管理等，五花八门，层出不穷，一言概之，俨然催生出一种依存于移动终端的新兴生活方式与文化形态——微生活与微文化。

进一步探析，"微"的特征包含碎片化之意。"碎片化"（fragmentation）一词最早见于20世纪80年代后现代主义的有关研究文献中。如今，人们将其用于描述新媒体传播模式，其亦有去中心化、动态化、零散化、及时化等后现代特征。在微传播语境中，时空维度、传播内容、传播主体、受众注意力等均呈现出碎片化的特点，这也是新媒体受诟病的一个重要原因。但碎片化传播的形成有社会碎片化与价值体系多元化等深刻的时代背景。碎片化传播的意义主要是，它在某种程度上代表着传播模式的一次变革。①

哈罗德·伊尼斯（Harold Adams Innis）在《传播的偏向》一书中写道："一种新媒介的长处，将导致一种新文明的产生。"恰是碎片化传播这样一种具有颠覆意义的传播模式，给传统文化的当代传播带来新的契机。传统文化的整体性、厚重性、严肃性以及人际传播与群体传播，一度是大众传播媒介进行传统文化传播时致力破解的难题。在碎片化的微传播语境中，将出现一些新的破解之法。

首先，微内容指向内容碎片化与传播接近性。微内容最初指称网页上的超小文字段，之后被不同的学者延伸、修改为"独立的内容件""最小的独立内容数据"。② 在微传播空间中，一个表情的点赞、一句话的动态、几张图的展示、140字的文字配图游戏、几分钟的短视频与微电影，乃至微信公众平台上流行的"千字文"，都区别于传统的宏内容，简短、

---

① 　彭兰. 碎片化社会背景下的碎片化传播及其价值实现 [J]. 今传媒，2011（10）：9-11.

② 　汤雪梅. 微内容对互联网的价值重构 [J]. 国际新闻界，2006（10）：55-58.

随性、浅显、活泼，小而灵巧，恰好符合信息爆炸、快餐式交流、快节奏生活的时代大背景中人们对内容的需求。

传统文化进入微空间，以碎片化的内容呈现与传播，对文化的传承与弘扬，是利是弊呢？著者认为，单从传播接近性来看，这至少是有利的。

中国传统文化是一个总体性的概念，是一个大文化的范畴，泛指中国古代社会创造的一切文化成果，既包括以外显物存在的、可感知的物质产品及精神产品，如语言、食物、器皿、文学等表层文化，又包括社交礼仪、风俗习惯和社会规范等中层文化，还包括价值观念、社会心态、审美观念等核心层文化。① 中国传统文化包罗万象，厚重、繁多。

当代人审视传统文化，既有一种对历史积淀和灿烂文明的敬畏感，又难免产生传统文化与现实生活脱节的疏离感。这种敬畏感和疏离感容易导致传统文化传播障碍，这亦是传统文化在大众传播时代遭遇的接受困境。因此，以电视为代表的大众媒介将传统文化影像化、通俗化、娱乐化等，使传统文化能够更好地传播，如《百家讲坛》。但大众媒介作为主流媒体，具有宏大视野，无法彻底改变传统文化的整体性与严肃性，使其更大限度地融入当代生活。

而在微传播语境中，微内容区别于主流媒体的宏大叙事、严肃的知识逻辑，更易于被理解，更适合填补当代人的生活与情感缝隙，"随风潜入夜，润物细无声"（杜甫《春夜喜雨》），甚至可以说，四处散布、无孔不入的零散碎片化内容更接近传统文化传播、延续的理想状态——传统文化不仅是从过去延续至当代的"幽灵"，不再是铁板一块的整体性存在，而融入当代人的日常生活，滋润当代人的心灵，静默而细腻，鲜活而生动。微信公众平台上的古典诗词传播热潮就是一个例证。一向高冷的传统诗词近来颇为流行。这一方面由于大众媒体的推波助澜，另一方面由于诗词具有传统文化精练、绝妙的特质，具有直觉思维与感悟、体

---

① 晏青．神话：理解中国传统文化的媒介化生存：基于对电视传播的考察 [M]．北京：中国社会科学出版社，2015：5.

验，适合人们品鉴，与微传播的微内容一拍即合。一首诗，一首词，一张应景的图，一段优美的背景音乐，一段精致的动画或视频，一个契合当代人生活与心灵的主题，一段带有启发意味的解读，碎片化的内容呈现方式，多媒体的文本样态，具有很好的传播效果，形虽微，力却巨。

其次，微动作指向行为碎片化与参与文化。从传播媒介与传播行为来看，微传播的特点在于微介质与微动作。移动终端载体的便于携带性、互联网技术的日益普及以及各种应用的低门槛准入与简单化操作，带来传播内容获取、生产、发布、交流等操作的便利性，从而导致传播时空的碎片化——一个 24 小时伴随媒介（智能手机可谓典型的代表）在手，当代人的工作时间与闲暇时间、公共空间与私人空间、现实与虚拟、实地与远程等时空体验皆被打散、混淆，人们可以自由出入、任意转换这些碎片化时空。

移动终端的携带便利性与操作简易性，同样增强了传播的接近性。传统文化进入移动终端，亦能成为随时随地触手可及的内容资源。更重要的是，微介质与微动作带来微关系——利用微传播平台，个人用户发展出一个经由虚拟媒介联通现实关系的交际网络，发展出全新的信息传播方式和人际沟通手段。这种强调双向互动、突破传者与受众界限、重视人际对话与受众参与性的传播环境，也许能为传统文化的媒介化生存带来一种新的方向。

传统文化植根于传统农业文明。其在古代社会的传播媒介除了语言与文字媒介，还有许多非语言媒介，如服饰、器物、礼仪、建筑等。因此，在当代传播传统文化，需要利用一些充满对话性与临场感的途径，比如，利用茶艺、饮食、戏曲等传播传统文化。在大众媒介时代，虽然大众媒介能够达到巨而广的传播效果，但由于其单向传播渠道的局限，缺乏与受众互动和受众的参与，难以充分还原传统文化传播的原始状态。

微传播空间的微关系是以机器为中介的点对点互动。虽然微传播不能彻底还原传统的面对面的人际传播模式，但是人们可以利用屏幕，以

"我"为主体，展开与"你"的对话，以"我"为中心，建立与他人和世界的联系。这种平等的对话关系与参与文化，可以被视为对人际传播模式的一种回归，并且是跨越了时空障碍的、扩大的、去中心化的，具有裂变式效果。也许，传统文化置身于这样一种契合其自身特质的传播环境中，能够焕发出新的生机。

（三）元宇宙：虚拟化、智能化与沉浸场景

"元宇宙"这一概念的产生可追溯至 1992 年美国科幻作家尼尔·斯蒂芬森（Neal Stephenson）的小说《雪崩》。该书对元宇宙进行了这样的描述："戴上耳机和目镜，找到连接终端，就能够以虚拟分身的方式进入由计算机模拟、与真实世界平行的虚拟空间。"尼尔·斯蒂芬森虽然是"元宇宙"一词的发明者，但没有细致剖析过元宇宙。此后，很多影视作品对元宇宙发挥了想象，如《黑客帝国》与《超级玩家》。但人们仍视元宇宙为看不见摸不着的虚拟空间，元宇宙处于概念模糊不清的状态。

直到 2021 年，元宇宙才从科幻概念变成了实际存在。在纽约证券交易所上市的 Roblox 公司，因能为游戏玩家提供一个可自由改造的虚拟世界，自称是元宇宙公司。这一商业概念很快激起千层浪。Facebook 的 CEO 马克·扎克伯格（Mark Zuckerberg）也宣布进军元宇宙，并在同年将公司名称改成"Meta"。国内的互联网公司也跃跃欲试，称要转型做"元宇宙"公司。元宇宙概念的成功带来了经济效益。数据表明，截至 2021 年第二季度，Roblox 的日活跃用户数达到了 4320 万，也就是说，超千万用户浏览并游玩了这个虚拟世界。[1]

元宇宙是在互联网更新换代的背景下提出的。互联网从信息时代发展到现阶段的关系时代，人被摆到更为突出的位置上。人们对互联网第三阶段的畅想也围绕着人展开。互联网第三阶段的主要特征大概是高度

---

[1]　方凌智，沈煌南．技术和文明的变迁：元宇宙的概念研究[J]．产业经济评论，2022（1）：5-19．

智能化与深度交互性。这对技术发展提出了挑战与要求，也将使互联网在未来呈现出新的面貌。元宇宙很可能成为互联网发展的终点。

元宇宙的虚拟性和智能化能为传统文化的当代生存提供新空间、新方式和新可能。在元宇宙这个虚拟文化空间中，今古融合将呈现出让人耳目一新的面貌。杜骏飞认为，虚拟文化空间是由有共同目的和意趣的人聚合而成的"网络共同体"。[①] 张之沧指出，虚拟空间是集物质空间、精神空间、社会空间、文化空间和客观知识空间之大成而构建的一种"超空间"或"后空间"。[②] 陈波和穆晨称，虚拟公共文化空间可提供数字化文化资源、文化参与场所及虚拟文化活动，并在此基础上形成特定的空间运行逻辑与行为规范。[③] 眼下，已经有不少将传统文化创造性地移植到虚拟空间中的案例。这些案例使传统场景再生，让观众沉浸式体验传统文化的美。

游戏成为很多节日文化传播的空间媒介。比如，《王者荣耀》曾在2020年推出"荣耀中国节"系列，每个月都设置了活动日历，突出了清明节、端午节、七夕节和中秋节。其背后的创作团队将游戏元素和传统节日元素相结合，让玩家在充满趣味和科技感的虚拟空间中，感受浓厚的中国传统文化氛围，为传统文化的创造性转化、创新性发展提供了一条全新的道路。游戏的交互性让它容易使玩家获得感官体验，通过数字技术，在声、光、电上延展了人的视觉和听觉，让玩家获得如身临其境的沉浸式体验，传统文化传播就在这种参与式体验、具象化传播中完成。手游《和平精英》拥有海量玩家，也曾在端午节推出过十分应景的"赛龙舟"活动。其设计团队将游戏中的河流地形改造成河道，吸引了很多

---

① 杜骏飞. 存在于虚无：虚拟社区的社会实在性辨析 [J]. 现代传播，2004（1）：73-77.

② 张之沧. 虚拟空间与"人、地、机"关系 [J]. 南京师大学报（社会科学版），2015（1）：5-12.

③ 陈波，穆晨. 互联网条件下虚拟公共文化空间模式研究 [J]. 艺术百家，2019，35（1）：61-69.

玩家的关注与参与。"小游戏，大空间"也成为很多游戏厂商的宣传语。

　　一般而言，游戏空间包含两重文化意义：其一，通过移植或改造传统节日文化的特色与习俗，游戏实现了从现实空间到虚拟空间的转移，使玩家通过虚拟体验获得快感，实现文化的再生产；其二，在这一过程中，玩家会对传统文化产生认同感，众多的玩家自发在一个虚拟的文化空间中开展民俗活动，获得集体情感，在仪式中获得集体情感价值。总之，元宇宙是人们可以自由组建、改造的灵活性文化空间，传统文化的场景可以在虚拟世界中再现，传统文化的习俗可以在虚拟世界中在线，传统文化的内涵可以在虚拟世界中传承。

二、重构内容与关系：传统文化的媒介化生存

（一）重构内容：跨媒介叙事、娱乐修辞与消费逻辑

　　微传播空间的内容与行为碎片可以以特定的方式聚合与重构。这是一个从混沌逐步走向清晰的过程。在这个过程中，全民投票的信息碎片筛选机制、自组织内的信息碎片优化机制、专业媒体的碎片整合机制等起着重要作用。[①] 无数的信息碎片受到一些无形的引力影响，彼此吸引、粘连、汇聚，拼出新的文化图景。下面从传播内容的层面，对传统文化在微空间中的新图景以及传统文化在微空间中传播背后的驱动力进行分析。

　　1. 跨媒介叙事：多媒体的文本拼图

　　跨媒介叙事主要指称一种综合运用多种媒介讲述故事的全新叙事技巧。[②] 它是媒介融合背景下的一种内容生产方式。这种包容性的融合实践在新兴的媒介形态中更明显。正如麦克卢汉所言："媒介的影响之所以十

① 　彭兰.碎片化社会背景下的碎片化传播及其价值实现[J].今传媒，2011（10）：9-11.

② 　JENKINS H. Transmedia storytelling: Moving characters from books to films to video games can make them stronger and more compelling [J].*Technology Review*，2003（1）：17-24.

分强烈，恰恰是因为另一种媒介变成了它的'内容'。一部电影的内容是一本小说、一部剧本或一场歌剧。"① 基于移动互联媒体的微传播处于新媒体技术的最前沿，也就能将各种传统的媒介形态纳入自己的内容。文字、声音、图像、模拟影像、虚拟影像、3D 技术等媒介元素，文学、戏剧、影视剧、动漫、游戏等内容样式，在微传播空间中汇聚，从而建构起丰富而无边际的故事文本与世界。从这个意义上讲，跨媒介叙事是传统文化的内容碎片在微空间重聚的一种内在逻辑。新的媒介技术重新建构传统文化的叙事方式，囊括、跨越、叠加既有的叙事媒介形态，将文字、图像、影音等碎片进行整合，从而实现多媒体、立体式、互文性的表达。例如，讲述一段古典文学故事，可能呈现的是一些来自影视剧的场景画面；介绍一个历史人物，所用的图片是一个演员的扮相；展陈一种传统器物，呈现的是当代人仿制的物品；诠释一种古典意象，通过一段中国风音乐或古风动漫来表达；鉴赏一首关于春天的诗词，辅助的视觉资源是电视剧《三生三世十里桃花》；等等。一切关于传统的想象与当代的各种媒介文化交织在一起，呈现出拼图式的融合表达。

2. 娱乐修辞：传统穿上时尚的外衣

当代文化是一种感性文化，注重感官体验与感觉经验。"一切公众话语都日渐以娱乐的方式出现，并成为一种文化精神。我们的政治、宗教、新闻、体育、教育和商业都心甘情愿地成为娱乐的附庸。"② 在大众传播时代，娱乐被以一种超意识形态的方式作用于各种电视节目，成为传统文化独特的修辞机制。大众媒体会选择大众化的题材，充分运用时代化语言、悬念化配置、故事化叙事，情感化、细节化、人物化、视觉化、夸张地想象、演绎、消费传统文化。③

①　MCLUHAN M. *Understanding Media：The Extensions of Man*（*critical edition*）[M]. Corte Madera：Gingko press, 2003：32.

②　波兹曼. 娱乐至死 [M]. 章艳，译. 桂林：广西师范大学出版社，2009：6.

③　晏青. 神话——理解中国传统文化的媒介化生存：基于对电视传播的考察 [M]. 北京：中国社会科学出版社，2015：180.

　　根据麦克卢汉对热媒介与冷媒介的区分标准[①]，移动终端、便携终端等属于热媒介系统，因此更加排斥理性话语形式，吸引具有感官色彩的娱乐话语，注重感觉叙事，注重官能的满足。换言之，大众媒介的娱乐修辞在微传播空间有过之而无不及。面对更具主动性与选择权的受众，在一个更加私密的媒介空间中，传统文化的传播需更加娱乐化，方能吸引受众眼球，契合当代人的接受习惯与审美趣味。首先，选择具有娱乐性的内容（如帝王将相、后宫争宠、爱恨情仇、野史等），使这些内容得到优先传播；其次，这些被选择的内容还要披上时尚的外衣，方能在追求简单、轻松、快乐、刺激的信息海洋中，获得传播竞争力，进入更多人的视野，延伸出更长的传播链条。比如，一篇介绍遥远的传统习俗的文章与一篇讲述当代婚外情的实录同时出现在一个手机用户的微信公众号推送文章里，在私密的传播状态下，作为一种娱乐与消遣的文本，后者具有更大的吸引力。因此，微空间的传统文化内容碎片会不自觉向着娱乐化的方向聚合。接地气的"微信体"标题党，或文艺小清新，心灵鸡汤化，或耸人听闻，哗众取宠，如"辛弃疾：一个武林高手是怎样变成文学愤青的？""楚怀王与屈原，那些年错过的最佳拍档"[②]。故事化、细节化的叙事技巧，改编、戏说、简化、解构着传统。

　　3.消费逻辑：指向具体的物的消费

　　在娱乐修辞背后，更深层的内容碎片整合逻辑是消费主义。消费是当代经济活动中的核心部分，亦是社会生活中的主角。消费社会与消费文化是后现代社会的重要标签。文化体验与身份认同通过消费实现，文化的传承与再生产通过商业化、产业化路径实现。中国传统文化的当代转换与传承，同样绕不开消费社会的语境。传统文化传播在大众媒介领域如此，在移动媒体集群构成的微传播空间亦然，尤其是当微支付、微

①　麦克卢汉的热媒介与冷媒介的区分标准：一是媒介提供信息多寡及清晰度高低；二是媒介使用者参与程度。因此，本章探讨的移动媒介新集群当属热媒介。

②　两个标题随机摘自一个致力传播中国传统文化的微信公众号"古典书城"的推送文章。

营销等微经济应用在微传播空间迅猛发展之时，对传统文化的消费更是呈现新的样态。

如今，与移动互联网相连的智能手机等终端能做的事情越来越多。在各种便利生活的增值服务中，支付功能具有典型意义。随手一点就能跳转的商品链接、一个指纹或一串密码就能完成的购买行为，将整个微空间变成了充满物欲气息的大卖场。对此，敏感的企业与商家自然会充分利用，软文广告、朋友圈口碑、病毒式传播、线上互动等各种成本低但效果佳的营销活动开展得如火如荼，将微空间变成了一个指向商品、诱导消费的言说平台。在这样的消费空间里，对传统文化的消费除了对文化内容的娱乐化解读之外，更多地指向对具体商品的购买。一篇赞叹"云对雨，雪对风"韵律之美的文章，可能指向的是对图书《声律启蒙》的购买；一篇详细介绍某个节气饮食习俗的文章，末尾可能有相关美食的销售；一个深情讲述的传统手艺人的匠心故事，也可能会提供其所制作之物的购买途径。无数的内容碎片中那些具有商业价值的、饱含诱导意味的、能够触发对物的购买的，被优先攫取出来，成为商业力量重点推送的对象。这些浮现在信息海洋表面的碎片汇聚在一起，便成为一种新的图景：对内容的阅读、接受与对物品的购买行为前所未有地紧密联系在一起，物的消费与审美体验、文化认同前所未有地紧密联系在一起。

（二）重建关系：分享主义、传播仪式与交往实践

从传播行为的层面看，前述的微动作与微关系恰好印证了新媒体技术带来的从信息传播到关系传播的转向："新媒体的本质属性从信息容器转化为'关系居间者'，从以技术为导向的、信息型的、独白式的线性传播模式转向以关系为导向的、对话式的全息传播模式。"[①] 移动终端集群开创了新的关系可能性，无数碎片传播行为，如点击与浏览、编辑与发

---

① 陈先红.论新媒介即关系[C]//尹韵公，明安香.传播学研究:和谐与发展.北京:新华出版社，2006：285.

布、创作与拍摄、关注与转发、点赞与评论、打赏与交易等，积沙成塔，不仅重建人们的人际关系、社会关系，也将重建人们与文化的关系。

1.分享主义：传统文化进入日常生活与人际对话

互联网文化是一种免费文化。① 大众可以免费分享到软件技术产品及包括文字、音乐、影像等在内的文化产品。微传播空间更是将这种可分享性发挥得淋漓尽致，免费推送信息，鼓励互动参与和二次传播，与传播内容中潜在的消费逻辑不同的是，在传播行为上，体现的是"分享主义"。② 这种分享就是人际交往与对话的过程。美国学者桑德拉·鲍尔-洛基奇（Sandra Ball-Rokeach）等提出"电子对话"的概念：大众传播是独白式的传播形态，人际传播是对话式的传播形态，以信息传播技术为手段的传播则是电子对话式的传播形态。"当我们沿着某种电子路径行走，有人践行他的路与我们相遇，我们便可在相遇中展开对话，体察对方的路途。"③

重复的、持续的对话能够建立、发展关系。以个人门户为中心节点的关系网络又反过来催生、支撑、强化内容的流动以及意义的分享。新媒体空间的大众传播通过人际传播网络实现，文化的再生产通过无数细微的人际互动、解读而得以实现。在一个人人都可以自由发布、转发、评论的媒介环境中，传统文化不再只是来源于权威信息源的封装信息，不再只是被奉为圭臬，而是进入人们的碎片化时空和日常生活的可体验、可分享、可交流、可对话的文化资源。

2.传播仪式：传统文化成为展演仪式

今日社会里，由电子媒体组成的虚拟时空成为人们汇聚的重要场域。当移动终端设备成为普及的伴随媒介之时，微传播空间便成为这种虚拟

---

① 莱斯格.免费文化：创意产业的未来[M].王师，译.北京：中信出版社，2009：35.

② 刘方喜.文学性·碎片化·分享主义平台：微信的技术文化哲学分析[J].江海学刊，2016（5）：174-178.

③ 陈先红.论新媒介即关系[C]//尹韵公，明安香.传播学研究：和谐与发展.北京：新华出版社，2006：285.

场域的典型代表。而且这种虚拟空间正日益彰显着对现实时空的侵占。

人与手机屏幕构成一个私密的、个人化的时空。仿佛存在一个隐形气泡，将人从任何现实的时间与场景中隔离开来，使人进入一个联结远方、自为自足的奇异世界。在这样一种虚拟生存空间里，充斥着大量的碎片化传播行为。碎片化传播行为不仅仅具有分享信息的功能，亦呈现出更多的意义。

例如，2011年10月26日，新浪微博上一个名为"@古城钟楼"的微博账号以西安钟楼为背景，每天按干支计时的十二时辰定时发送"当"的微博报时，引起很多粉丝的关注、转发、评论，一时间爆红网络。利用一个虚拟的平台，简单复制一个特定场域的钟声，让更多的人能够跨越地理空间，得以共享与体验。这种形式大于内容的传播行为，仪式味十足。借用詹姆斯·凯瑞（James W. Carey）的传播仪式观，传播是"创造、修改和转变一个共享文化的过程"，是一种"共同信仰的创造、表征与庆典"。[①] 从这个意义上看，我们是否可以假设，传统文化进入微空间，除了传递信息以外，还可以发展成一种特殊的展演仪式。人们在微空间，可以通过程式化、重复性、象征性的沉浸体验，获得跨越时空的"在场"参与感，实现对传统文化的想象与认同。

3. 交往实践：传统文化与大众文化的融合

一个是丧失了现实土壤的历史积淀，一个是契合了潮流趋势的当代宠儿，传统文化与大众文化之间存在着许多天然的二元对立要素，如传统与现代、严肃与娱乐、理性与感性、宏大与细微、精神与物质等。如果传统文化过于保守与矜持，坚持"道不同，不相为谋"，必将遭遇当代文化语境中的传播障碍。反之，如果为了适应当代的审美趣味与文化需要，一味地将传统文化大众化，放弃传统文化的主体性，必将受人诟病。

正确的传统文化传播路径是摒弃传统文化与大众文化的二元对立，

---

① 凯瑞. 作为文化的传播 [M]. 丁未，译. 北京：华夏出版社，2005：28.

让两者处于平等的地位，互动、碰撞、汇流、交往与融合。① 微空间的参与文化为这两种文化的交往、融合提供了新的路径。既然微传播平台带来了个人的主体性、主动性，实现了人际频繁互动和平等对话，也提供了普通个人成为信息生产者和传播者的可能性，那么在这样一个鼓励内容生产与自由批评的参与式空间里，全民发声、多源矫正、集体智慧等作用机制也许能够将流动其间的多元微观内容生产聚合成宏观的文化再生产，将散布其间的碎片化创造力聚合成重塑文化生态与重建文化秩序的力量，催生一种能够兼顾传统文化本土性、伦理性与大众文化全球性、实用性的，更健康、更具活力的新型当代文化。

---

① 晏青. 神话——理解中国传统文化的媒介化生存：基于对电视传播的考察 [M]. 北京：中国社会科学出版社，2015：256.

第五章　"传统"经由媒介再现的三种路径

　　吉登斯指出，"脱域"是社会关系从彼此互动的地域性关联中、通过对不确定时间的无限穿越而被重构的关联中"脱离出来"。[①] 他进而认为，"脱域"是现代性的基本特征，社会主体身份建构脱离了地方的经验社群，进入全球混杂、流动、碎片化的经验场景中。[②] 这与鲍曼提出的"液态社会"相似。鲍曼认为，现代社会"变得是流程性的、不定的和动态的，而不再是预先注定的和静态的"[③]。在这种"脱域"的现实语境下，传统脱离了原生的时间和空间，在某种程度上已经"死去"。而想让传统在新的时代与文化环境中再生，必须使其变身，将其融入当代的语境中，使其成为当代文化生态中的有机体，即"嵌入"。

[①]　吉登斯. 现代性与自我认同 [M]. 夏璐，译. 北京：中国人民大学出版社，2016：17.

[②]　吉登斯. 现代性与自我认同 [M]. 夏璐，译. 北京：中国人民大学出版社，2016：18−25.

[③]　鲍曼. 流动的现代性 [M]. 欧阳景根，译. 北京：中国人民大学出版社，2000：167−182.

一、影像化生存：传统成为媒介景观

居伊·德波（Guy Debord）在《景观社会》一书中指出："在现代生产条件无所不在的社会，生活本身展现为景观的庞大聚集，直接存在的一切全都转化为一个表象。"[①] 在当代，传统通过影像化转化，成为媒介景观，得以现代化生存。具体而言，传统从图像景观、视听景观、虚拟景观三方面得到重生。

（一）图像景观：把传统画出来

中国传统文化元素在日常生活中的运用不胜枚举。其中，将故事文本中的符号、元素、形象转化为图像文本是一个常见策略。单独的、具体的文化符号与元素往往代表了民族共同记忆和群体意识。人们在产品外包装、画册等产品中呈现它们，传统经由"画"重新鲜活起来。比如，《山海经》中的异兽形象就频频出现在各种日用品上，如《山海经》系列彩妆、水杯等文创产品。

文字文本到图像文本的转化的第一个层级就是从不可见到可见。许多热衷于传播传统文化的摄影师会致力把传统拍出来，如拍穿汉服的人物；许多热衷于国风漫画的专业画手和发烧友画二十四节气，画传统美食与器物，画历史人物，画文学人物。这些可视化的图像文本汇聚成第一个层级的媒介景观，即一种关于传统想象的图像景观。这些图像是平面的、静态的。这些图像能够帮助人们对传统进行想象，也为更高层级的媒介景观提供"原画"式的基础材料。有时候也有一种逆向的流动，平面图像的想象有可能来自更高层级的视听、影像作品等。

综观这些图像文本，人们会发现，越是深深根植于传统文化、拥有丰富寓意、代表人类共同美好理想的内容，越受欢迎。虽然斗转星移，时代变迁，但人类追求幸福、崇尚快乐、向善向美的倾向千百年来并无改变。

---

① 德波. 景观社会 [M]. 王昭风，译. 南京：南京大学出版社，2007：1.

（二）视听景观：把传统拍出来

如果说把传统画出来的背后有个隐藏的主体是人的手和眼，那么把传统拍出来的背后的隐藏主体就是摄像机镜头。当然，摄像机镜头是中介性的主体，实质性的主体仍然是人。但是，摄像机镜头这样一个中介的存在，使得拍出来的视听影像具有了一个新的呈现逻辑，这个呈现逻辑不再是人的肉眼观看的逻辑，而是机器的眼睛（镜头）观看的逻辑，也就是当代的视听美学与技术美学。

以国产古装电影为例，人们可以发现，历史片、武侠片、神怪片中有明显的传统审美。历史片一般改编自历史上出现的真实事件或知名人物，演绎一段新故事，或发挥想象，增加历史细节。例如，电影《孔子》以春秋战国为背景，讲述了中国儒家重要的思想家孔丘的人生经历。该电影重点呈现了孔子反对活人祭祀、为鲁国讨回城池、收颜回等弟子、与老子见面等知名事件，为观众描摹出了历史长河中光芒万丈的孔子形象。其中不少细节有史可依，观众可以清晰地感受到孔子有"知其不可而为之"（《论语·宪问》）的担当，也是个有七情六欲的普通人。《貂蝉》《荆轲刺秦王》《大明劫》等历史片的突出美学特点是以真实为美。这几部影片在服化道上尽量还原历史，为观众创造与历史相似的真实场景，营造原汁原味的传统文化氛围，台词也充满古味，细节考究，让观众如同亲见影片中的时代。

以真实为美并不意味着摒弃"虚"的成分。在电影创作中，古代是被塑造、被观看的对象。电影作为大众消费产品，必然要根据当下观众的诉求，通过人物和故事来满足观众的窥视欲和对传统文化的自我想象。因此，虚构是一种必不可少的电影创作方式。比如，很多稗官野史被反复上演，仍深受观众喜爱。这是因为虽然它们脱离了真实历史，但影片又加入了当下审美和时尚话语，最终成为观众乐意消费的文化产品。

武侠片算是中国古装电影的常青树，历史悠久，且有一批忠实观众。

这类影片往往包含侠义、武术、情怀三种元素，最后都归于对"道"的表达。在中国传统文化中，绿林好汉故事因其冲破现实禁忌，饱含惩恶扬善、锄强扶弱的民间朴素愿望，深受民众喜爱。武侠片将这一精神发扬光大，主人公具有高超的武术，以侠义为行事准则。武侠片表现了主人公勇于打破不公和社会阴暗面，为国为民的"道"的情怀。例如，金庸笔下的杨过在路见不平，拔刀相助的基础上，还有了保家卫国的民族大义。又如，经典武侠片《黄飞鸿》中，黄飞鸿不仅是一位正义感十足的大侠，还忧心国家和民族命运，接受西方文化后，民族革命意识觉醒，极力维护国家利益。在中国武侠片发展历程中具有里程碑意义的《英雄》，将商业化和传统美学相结合，票房、口碑双丰收。《英雄》在视觉上呈现了十万剑阵、棋馆大战、竹林对决等奇观场景，画面构图、色彩、人物服饰都具有很高的审美价值。

中国传统文化中包含大量的志怪、传奇故事，它们成为古装神怪片的取材源泉。这类影片在审美上普遍以"奇"为特点，在叙事上极尽想象之能事，在视觉上营造绚烂多姿的效果。过去，受技术限制，如梦似幻的神魔世界还稍显稚嫩。随着数字技术的突飞猛进，神怪片已经能够呈现出惊艳四座的特效，如根据《聊斋志异》改编而成的电影《倩女幽魂》、电影《妖猫传》等，呈现出了一个个光怪陆离、异彩纷呈的视觉奇观，吸引了众多观众的注意。古装神怪片虽然出发点是古典文学中的故事，但创作团队往往会在人物塑造上增加原创内容。这类影片中的诸多"超现实"元素让观众在观影中走进超验的、幻想的美学世界中，品味视听盛宴。

在视像时代，将传统拍出来的生产实践比比皆是。视听景观是动态的、流动性的媒介景观，有一个视听文本内部的时间性流动，也有各个视听文本之间的相互攫取、跨文本流动，这种液态流动性的观看让观众得以脱离日常，体会传统之美的意蕴。

（三）虚拟景观：把传统建出来

计算机图形学（Computer Graphics, CG）是一种使用数学算法将二维或三维图形转化为计算机显示器的栅格形式的科学。它的发展经历了一个漫长的过程，在 20 世纪 50 年代，有些计算机研究人员为了开发计算机的潜力，开始将计算机图形学的相关原理运用到视觉艺术创作领域。到 20 世纪 80 年代，艺术与计算机的联系更为紧密，以交互为特点的 CG 艺术受到重视。如今，CG 艺术蔚然成风，成为影视剧、游戏、建筑、网络中的惯用技术手段。在快节奏的当代文化语境中，抢占受众的关注成为各行各业脱颖而出的战略。CG 建模因其栩栩如生的具象模拟、如身临其境的虚拟体验、刺激眼球的视觉效果而备受青睐。这种数字化影像的生成方式给赋活传统文化带来了诸多启示。

中国古代建筑凝结了古人的智慧，是中国传统文化瑰宝的重要组成部分。例如，华丽的唐宫、清丽的宋代园林、威严的明清宫殿。那些精致的亭台、匠心独运的草木布局以及小桥流水，都体现了各个朝代不同的审美倾向和情怀。中国传统建筑为当代游戏的场景设计师提供了很多灵感，CG 建模技术的普及让这些灵感落地，成功把传统文化"建"出来。"游戏不只是人们娱乐的一种方式，更是本土价值观和文化输出的过程。"[①] 例如，在游戏《楚留香》中，人们能看到很多古代建筑的影子。这款游戏属古代仙侠类型。进入游戏后，玩家是古人角色。游戏里的一景一物都古韵十足。在万福万寿园中，人们可以观赏盛放的荷花，看到回廊奇石等园林元素。这些场景的原型是西湖曲院。设计师通过融合传统建筑与游戏风格，将西湖曲院搬进了虚拟空间。此外，很多角色的居所也颇有特色，如江南大侠薛衣人的府邸属徽派建筑，只是将灰瓦变成了红瓦。这种以真实的古典建筑为底本，进行二次创新改造的设计思路成为游戏领域的惯用策略，如此，既能通过虚实结合体现中国传统建筑

---

① 王秦 . 网络游戏场景造型设计中传统文化的体现 [J]. 文化产业，2022（2）：25-27.

的美，也更为贴合当下玩家的审美倾向和潮流。在游戏《天下3》中，人们能体会到气势恢宏的汉代宫殿风格。该游戏里面的宫殿区平台面积大，且分为多层。这种高平台建筑显然借鉴了汉代宫殿的建筑特点。设计师还在高台上增加了狮子、祥云等传统元素作为装饰，各种元素组合、混搭，构成相映成趣的华丽场景。

绘画是人类获得图画的初级手段，摄像机拍摄是电子媒介对现实世界的模拟手段，更高阶的是数字技术发展以后的仿真和复制手段。运用算法和建模，建构数字场景和特效，凭空营造出想象的景观。基于这种技术，数字复原的文物、遗址、传统空间与器物，虚拟馆藏，用数字技术生成的新国风动画电影，影视剧中的数字场景与特效，传统文化题材的游戏空间等，都是人们营造的可见的虚拟景观。

眼下，人们对文化产业有了新的期待和更高的要求。深化艺术与科技的合作，是文化强国战略的实现路径，也是中国传统文化抓住新机遇的举措。大数据、CG建模、数字艺术、人工智能等高新技术推陈出新，各种虚拟场景的设计创新成为推动文化产业进步、推动文化经济增长的着力点。将传统画出来、拍出来、建出来，让观众沉浸式体验新科技与经典文化的融合之妙。

二、社交化生存：传统成为媒介仪式

尼克·库尔德里（Nick Couldry）认为，媒介仪式主要有三种类型：媒介报道的"仪式性内容"、媒介报道该内容的"仪式化方式"以及媒介本身的"仪式或集体庆典"。[1] 根据这种划分，下面可以从召唤式展演的内容、互动式观看的方式、社交化传播的媒介属性三方面来探讨传统的社交化生存。

---

[1] 库尔德里. 媒介仪式：一种批判的视角 [M]. 崔玺，译，北京：中国人民大学出版社，2016：53-55.

（一）召唤式展演：通过媒介激活记忆

在阿尔都塞（Althusser）看来，电视节目与观众之间是一种"召唤关系"，个体对意识形态的承认和接收是一个"双重确认"的过程，将个体询唤为主体的过程是一种意识形态与主体的互认过程。[1] 也就是说，节目内容通过各种形式的展演，力图将本是客体的观众询唤为主体，从而实现对观众个人成员的身份确认。信息的传播者和接收者通过询唤机制，构建了一种独特的认同关系：一方面，电视制作方想将价值观传递给观众；另一方面，观众在这个过程中明确了自己在仪式中的成员身份，电视节目的表演起到了中介作用。

传统文化节目之所以能产生召唤效果，一是因为节目本身质量高，制作精良的画面、知识性和趣味性结合的讲演方式，加上传统文化复兴的热潮，得到了一大批观众的喜爱；二是因为这些传统文化节目唤起了观众的集体记忆。哈布瓦赫说："存在着一个所谓的集体记忆和记忆的社会框架；我们的个体思想将自身置于这些框架内，并汇入能够进行回忆的记忆中。"[2] 中国人普遍经历过小时候背诵唐诗、宋词的教育经历，对《诗经》《古诗十九首》《唐诗三百首》《全宋词》等诗歌作品早已耳熟能详。《中国诗词大会》这样的文化竞赛类节目，能通过选手的比赛和主持人的串讲，唤起人们脑海中沉睡的童年记忆，在集体的互动中确认个体的身份，从而实现了客体向主体的转变。在观看《中国诗词大会》《中国谜语大会》等传统文化类节目时，有些观众会回忆起在父母陪伴下读诗、练字的美好经历，有些观众会想起幼时与玩伴玩成语接龙的逗趣场面，还有些观众会怀念逝去的时光。可见，媒介仪式具有召唤出观众独特的文化记忆的功能。

---

[1] 阿尔都塞.意识形态与意识形态国家机器（一项研究的笔记）[M]// 齐泽克，阿多尔诺.图绘意识形态.方洁，译.南京：南京大学出版社，2006：106，120-121，124.

[2] 哈布瓦赫.论集体记忆[M].毕然，郭金华，译.上海：上海人民出版社，2002：87.

（二）互动式观看：通过媒介鼓励表达

仪式活动离不开参与者。在以电视和手机为主的媒介的仪式活动中，观众是必不可少的参与者。戴扬（Dayan）和卡茨（Katz）在《媒介事件：历史的现场直播》中指出："电视事件有三个伙伴：事件的组织者，负责收集元素并拟定其历史意义；电视台，通过对元素的重新组合，完成事件再生产；观众，在现场和在家里，对事件感兴趣。每个方面必须给予积极的认同并拿出相当的时间和其他投入，才能使一个事件顺利地成为电视事件。"[①]

以《中国诗词大会》为例，该节目在电视台与网络视频端同步播出，可以最大限度地覆盖潜在受众。观众在观看该节目的过程中，不局限于看，还可以即时参与。观众用手机扫描电视屏幕下方的二维码，就可以跟着选手一起答题，自己在家也仿若在演播厅现场。这增强了观众的参与感。观众参与答题后，屏幕还会实时显示观众与网友竞赛后的成绩。在手机端，很多选择在哔哩哔哩（bilibili，简称"B站"）等视频平台观看该节目的网友，往往会踊跃发送弹幕，与主持人隔空互动，形成一种万人在现场的火爆盛况。此外，还有网友会在弹幕里发送一些科普内容以及隐藏信息，让观众不仅从看节目中领略文化之美，还能学到额外的知识，拥有一种狂欢体验。这种互动式观看让观众的情感与关注点随着节目的进展而同步更新，成功制造了共同的情感结构。弹幕式、评论式、互动式观看与单纯的、传统的、单向的观看方式是截然不同的，它是一种反馈式观看，观看的仪式也不一样。

（三）社交化传播：通过媒介流转、扩散

以媒介景观为内容，以观看与展演为行为，构成社交化传播。传统

---

① 戴扬，卡茨.媒介事件：历史的现场直播[M].麻争旗，译.北京：北京广播学院出版社，2000：64.

文化变成社交话题，变成圈层内容，社交账号运营，话题式传播流行，表情包成为社交工具，等等。这种社交化传播也会生成新的媒介景观。

例如，2018 年，北京故宫博物院联合腾讯地图推出了一款微信小程序，让人们得以在线上游览紫禁城。人们利用这款微信小程序，只需要动动手指，就可以看到北京故宫博物院实景，感受传统和科技相融合的魅力。这种简易化操作让传播变得简单，大大提升了大众参与传播的积极性，利用可视化的交互产品，让大众在轻松愉悦的游戏心理下，领略传统文化的瑰奇。情感也是社交化传播必不可少的要素。北京故宫博物院与腾讯动漫曾联合打造了漫画《故宫回声》，讲述历经 25 年，保护百万文物回到故宫的感人故事。将传统文化精髓以娱乐化的方式呈现出来，有助于引起年轻群体对传统文化的关注。

在 B 站，《历史那些事》《如果国宝会说话》《国家宝藏》等传统文化类节目被不少观众称为"宝藏节目"。它们虽然各有侧重点，但都在视听、台词、内蕴等方面让观众收获良多。很多粉丝自发在微博参与话题讨论，讨论每期内容，在豆瓣等平台推荐这些节目，甚至将喜爱的角色的语录制作成表情包，在评论区斗图，在日常生活中使用。这样，传统文化在各大媒介平台反复流动，在群体中、人际交往中频繁往来，构成了繁荣、多元的文化景观。

三、游戏化生存：传统成为媒介世界

媒介景观与媒介仪式的叠加，构成一种"世界"性的媒介空间，已催生出新型的传统再生方式，并且，当前的媒介技术已开始从信息化向数字化甚至数智化转型。在传统影像化与社交化生存之后，我们不妨继续想象与观察传统在不断刷新与涌现的技术场景中的再现方式。在万物互联发展趋势下，以 GPT-4 为代表的大语言模型、多模态数据、增强现实和虚拟现实技术等新兴技术，人工智能生成内容（artificial intelligence generated content/AI-generated content, AIGC）、虚拟数字人等智能化工具，已成为数字人文、文化产业等领域颇受关注的技术与工具。在技术的驱动下，传统文化的传承与创新获得新的路径。借用当代电子游戏的思维与想象，不妨称之为传统文化的"游戏化生存"。

用电子游戏的技术逻辑和思维方式来审视传统的再生产，将产生什么？电子游戏的特征是模仿性、虚拟性、交互性，其功能是提供一个沉浸式的模拟世界，供玩家进行想象式的体验。随着技术的进步，许多数实融合、数实共生的场景逐渐实现。这种想象式的体验就变得越来越趋于"真实"，通过屏幕界面的互动也逐渐向身体感官的沉浸发展。

传统文化的游戏化生存不仅仅指在游戏中融入传统文化元素，将传统文化元素作为游戏的场景、道具、服饰、故事、题材等简单的要素嵌入游戏，也指使传统文化"像游戏一样生存"。通过数字化、虚拟化、智能化的方式，利用传统的精神、价值观、元素、符号、故事等材料，将再生出一个世界，这个世界具有游戏的特质，也就是说，传统成为游戏。

（一）登录：可自由出入的文化界面

游戏世界的一个重要特征是可循环、可重复。在游戏中的任意一个节点"卡住""挂掉""game over"，都可以退出系统，重新登录，从头再来。借用游戏世界"登录"这一术语，可以描述传统文化在当前数字媒介环境中的存在状态。能够通过登录开启的世界是可以反复进入、自由出入的，是与不可逆的现实世界物理时空有所区别的一个"平行世界"。在这个意义上，传统文化的媒介化再现（不仅仅指那些利用传统文化故事题材或符号元素构建的游戏文本，也包括那些在媒介空间中多模态呈现的传统文化内容）构筑了一个"平行世界"，这个媒介化、虚拟化的平行世界一头映射着传统文化曾经赖以生存的历史时空，一头联结着当下的现实世界，历史时空已经消逝，不可逆转，与媒介世界之间的映射关系是单向的，但身处现实世界的人能够通过与媒介界面接触，与历史时空的映射世界产生联系。这种通过媒介界面抵达历史时空的接触方式，恰能用当代计算机语言与电子游戏的"登录"来形容。在媒介技术对当代生活无孔不入的渗透下，传统文化的媒介世界提供的可自由登录的文化界面不是单一的，而是多元的。这就为人们在当前日趋数字化、智能化的媒介环境中，想象、理解、接触、表达、传承与创新传统文化，提供了一种不甚严谨但形象十足的视野。

（二）漫游：可无限迁移的文化地图

电子游戏区别于小说、动漫、影视剧等传统故事文本的一个重要特征在于：基于人机交互技术，电子游戏主要进行互动性叙事，是开放的、流动的、待完成的、个性化的。玩家的角色可以有很多，游戏中的路线可以很复杂。游戏中还有许多支线、隐藏的副本与彩蛋。不同玩家的主视角、每个节点上的不同交互选择，都将构成不同的路线地图与游历版图。这样在一个虚拟的故事场景中漫游，是当代电子游戏玩家的一种基本体验，也是游戏玩家在媒介世界中感知传统文化的一种典型方式。

传统文化从历史时空进入媒介世界，首先经历的是被打散、解构，然后被重拾与重构。传统文化的曾经固有的某些内容、形式、意义会随着其赖以生存的历史时空环境的消逝而消解，某些曾经与某种传统文化并不相关的东西却会随着时代与社会的变迁而与那种传统文化产生联系，甚至被发明创造出来。例如，传统戏曲的表演时空是勾栏瓦舍，是戏台。而在当代媒介时空，人们是在综艺节目、短视频、直播中欣赏戏曲的。人们欣赏的戏曲可能是一段流行歌曲中改编过的戏腔，是影视剧中某段与故事情节相结合的戏曲。传统文化的内容、形式、意义等被碎片化。在新的融合媒介语境中，这些碎片化单元排列组合出的新的内容，产生很多相关节点，重新联结起来，形成一张意义网络。这个网络就像游戏中的一张地图，上面充满可以实现跳转与跃迁的超链接节点，可供人们随意漫游。这种地图无中心，也无边界，人们所行之处即被照亮。地图在有光之处即显现；人们视线离开，地图即隐藏。海量信息与无限关联，让进入媒介时空的传统文化变成一张可以无限迁移的文化地图、一个可以无限漫游的游戏世界。

（三）生长：可自我进化的文化机体

近来，以ChatGPT（Chat Generative Pre-trained Transformer）为代表的人工智能引起全球关注。基于数字世界的海量数据，机器的学习能力正在逐渐演化与迭代。人工智能生成内容、虚拟数字人等智能化技术工具在数字人文领域的应用，对文化的传播产生深刻的影响。电子游戏本就是由数字技术与算法构筑的界面世界，在虚拟技术与人工智能的加持下，通过界面的互动叙事，将进阶为一种更加沉浸式的数字叙事。在这样的数字世界中，游戏文本更加凸显开放性、流动性，更加偏好世界导向的场景构建与生成式设计。电子游戏的魅力在于创建有别于现实但又趋近"真实"的异时空。这种时空不是封闭、静止、永恒不变的，而是具有生长与进化能力，从而吸引玩家反复登录、无限漫游。

电子游戏的生成式设计逻辑似乎也可以用来描述传统文化进入以数据为核心的文明新形态中，可能产生的新特征。传统典籍、馆藏等传统文化资源在数字化，动漫、影视剧、游戏等泛娱乐文化产品也早被纳入数字创意的范畴。当无数的传统文化元素进入无边的数字媒介空间，海量用户的数字轨迹与线上创作将不断产生内容增量，机器学习与数据算法将数字海洋中碎片化的互文性、发散性的超链接打捞起来，凝结、显化成知识谱图，新的意义、新的生态不断生成与流动。从某种意义上看，数字媒介空间犹如一个可以不断生长、具有自我进化能力的数字文化机体。

第六章　中篇案例解析

案例一：新场域与新文化——再现"传统"的短视频

在短视频兴起之前，大众了解传统文化的渠道主要集中在广播、电视、书籍以及传统节日期间的民俗表演之中，且文化传播主要以"讲述"的形式进行，传者往往处于高位，被看作"教师"或者"年长者"，受者通常对传者产生敬畏。在传授传统文化知识的过程中，尚未明晰传者与受者之间的沟通。讲述方式单调，讲述内容枯燥，也是传统文化传播效率低的原因之一。随着互联网行业的兴起，"不在场沟通"成为新兴交往方式。互联网平台以其开放性、简易性、平等性等特征，使人们可以随时随地沟通。传统文化的传播融于互联网的传播之中，互联网的主要使用者即成为传统文化再传播的主要创作者。依托小屏传播，传统文化脱胎于过往"讲述"对象，以展演姿态面向更为广泛的受众。除了快节奏的小屏播放，共沟通、多创意为传统文化的传播注入新鲜血液，传统文化短视频随即出现。

中共中央办公厅、国务院办公厅印发的《关于实施中华优秀传统文化传承发展工程的意见》指出："融通多媒体资源，统筹宣传、文化、文物等各方力量，创新表达方式，大力彰显中华文化魅力。"2018 年，传统文化短视频大规模出现，并蓬勃发展。以抖音为代表的短视频媒介开启了传统文化传播扶持计划。2018 年，抖音推出了"传统文化千人传承计划"。此外，抖音还推出"DOU 有国乐""DOU 有好戏"非遗合伙人计划等，帮助至少 100 名民乐非遗传承人获得收益。公开数据显示，在 2022 年，包括戏曲、舞蹈等的传统文化演艺类直播在抖音开播超 3 200 场，其中，非遗直播每天开播 1 617 场，打赏总收入同比增长 533%。[①] 抖音还出现了一些传统文化博主。他们或是传统手工艺达人，或是非遗传承人，或是弘扬汉服文化的国风创作者，让传统文化推陈出新，以新形态活跃在大众视野。

一、新媒介场域与新传播主体实践：青年群体的传统文化短视频创作

媒介场域重心的转移意味着传播主体的转变。巨量算数联合抖音发布的《2022 抖音知识年度报告》显示，截至 2022 年 11 月，郭大侠（传统武术表演者）、凌云（传统武术表演者）等传统文化短视频创作者的粉丝数均突破 1 200 万，紧随其后的是彭传明（传统手工艺传承者）、碰碰彭碰彭（曲艺表演者）的粉丝数均超过 900 万。这些青年创作者均受到抖音用户的热情回应。该报告指出的传统文化短视频创作者超过八成为"80 后""90 后"。

中共中央、国务院印发的《中长期青年发展规划（2016—2025 年）》将青年定义为 14～35 周岁。这个年龄段正是抖音用户分布集中与活跃的年龄段。不难发现，如今在短视频行业尤为活跃的便是青年群体，传统文化短视频创作者中青年创作者更是占据一席之地。传统文化的新传播主体使得传统文化推陈出新，在寻求创新的同时，尽可能展现传统文化的精髓。

---

① 抖音发布演艺直播报告：近一年演出类直播超 3 200 万场 [EB/OL].[2023-03-06]. http://ent.people.com.cn/n1/2022/1109/c1012-32562348.html.

（一）青年文化反哺传统文化传承与创新

美国人类学家玛格丽特·米德（Margaret Mead）提出了前喻文化、并喻文化、后喻文化。这三者的主要差异在于传者与受者之间的关系。三者分别以晚辈向长辈学习的传喻文化、晚辈与长辈的学习都在同辈间传喻、年轻一代向长辈传喻这三种方式存在。传统文化的传播方式经历了由前喻文化向后喻文化转变。与传统的后喻文化有所不同，这里所说的后喻文化旨在强调年轻一代的传授，受者不局限于长辈，也包括同在互联网下生活的同辈。在后喻文化中，传统文化的权威性指向未来，传者的威慑性弱化了。传统文化因而以一种更平和、更亲切、更形象的方式出现在大众视野。

传统文化短视频现象级爆款的出现，让人们意识到当代的青年不再是无差别的群体，他们张扬，他们自信，不吝于展现自我。他们有着强烈的表达意识、自主意识。他们是全球化浪潮中复杂的"群体中的个体"。[①]

传统文化短视频青年创作者以新时代青年的视角去看待传统文化，去传播传统文化，创造出"青年文化＋传统文化"的新的传统文化传播模式。青年文化是流行于青年群体之中的群体文化，表现为具象文化、观念文化等。当代青年文化是当代中国青年在改革开放的大潮下形成的全新的行为方式。[②] 青年文化与传统文化融合，必将引起传统文化传播的革新。传统文化的整体性、严肃性、厚重性等特点将在短视频微传播中被重塑，这为传统文化的现代化传播带来新契机。

短视频作为展现传统文化的新媒介，从更细致、更感性的个人视角出发，区别于作为主流媒体的大众媒介。短视频将传统文化的整体性

① 安萧宇，凡婷婷. 新主流电视剧的叙事机制：青年话语、梦想叙事与认同弥合[J]. 现代传播（中国传媒大学学报），2022，44（8）：112-118.
② 周晓虹. 中国青年的历史蜕变：国家与社会关系的视角[J]. 江苏社会科学，2015（6）：71-78.

与严肃性打散，结合青年创作者独具青年文化特征的传统文化传播，让传统文化更多地融入当代人的生活，滋润人们的心灵，达到润物细无声之效。

（二）技术赋能创作手段和创作能力

文化研究学者道格拉斯·凯尔纳（Douglas Kellner）认为："媒介文化是一种将文化与科技以新的形式和结构融为一体的科技 – 文化。它塑造诸种新型的社会。在这种社会中，媒介与科技成了组织的原则。"[①] 在技术赋能下，媒介形式不断更迭，着力进行用户与场景的联结，重塑表达模式。[②] 技术赋能使得如今短视频的制作难度降低，简单的剪辑、自动生成字幕、多背景音乐音效的选择、贴纸及模板资源的选择降低了视频剪辑门槛。增强现实（augmented reality, AR）与虚拟现实技术（virtual reality, VR）提供了全息、全员、全效、全程的内容传播，让短视频更具趣味性，使视频更加多样化。大众被赋予更多的表达权利，从社会关系网络中的受动者变成了能动者。[③]

技术赋能刺激受众自我赋权。通过短视频的交流窗口，传统文化短视频青年创作者努力适应着新兴媒介赋予他们的机会，在传播中华优秀传统文化的同时，强化自我认知，传承文化的责任感愈发强烈。虽然短视频剪辑门槛降低，但是这不妨碍创作者在剪辑上创新。人工智能（artificial intelligence, AI）的兴起、高超的特效使用，使得"特效技术 + 短视频"受到广大年轻群体的喜爱。AI 的兴起赋予了特效更大的想象空间，"特效技术 + 传统文化"、虚拟与现实的生动融合带给受众沉浸式体验。

---

① 凯尔纳，贝斯特.后现代理论：批判性的质疑 [M].张志斌，译.北京：中央编译出版社，2001：4.

② 喻国明.数字技术革命视域下中国传媒生态的重构 [J].现代视听，2022（9）：41–46.

③ 胡馨藐，彭哲.新媒介赋权下传统手艺人的短视频传播策略探究：以抖音账号"创手艺"为例 [J].新闻研究导刊，2021，12（23）：59–61.

抖音平台汇集了巨大的受众流量池，依靠平台算法对新生代青年的精准投放进行了技术赋能。[①] 抖音是流动和协作聚合为一体的平台，诸多优质的传统文化短视频的出现会触发抖音的算法机制实现广泛推送。网友的好评、积极转发、主流媒体的争相报道，带来了巨大的流量与丰富的注意力资源。在平台赋权之下，传统文化短视频青年创作者的话语权与影响力都得到明显加强。

二、一组青年创作者的短视频案例研究

传统文化短视频青年创作者常以短视频平台为传播渠道。其短视频内容以展示民间手工艺、国风变装等为主。其拍摄手段、构图技巧、创作手段或精良，或粗糙。这里主要以《2022 抖音知识年度报告》提到的传统文化短视频青年创作者与受到主流媒体报道、宣传的传统文化短视频青年创作者为研究对象。抖音扶持大量优秀的传统文化视频，也是传统文化短视频创作者的集合平台，有一定的代表性。本部分的研究采用个案研究法与开放式编码法。先选取在抖音短视频平台上具有典型性、符合样本要求的研究对象，并对其展演的传统文化进行分类：对这些账号进行长期跟踪，特别注意这些账号出现的新现象，以期由点到面地研究短视频青年创作者视域下传统文化的新传播方式。编码分为三类：第一，开放式编码是从原始资料中提炼概念和范畴，并确定概念和范畴之间的关系，摒弃对原始资料的偏见、同情等主观性认识，把抽象出来的概念重新整合，得到原生代码。[②] 第二，主轴式编码是在开放式编码所形成的编码之间建立联系，如因果联系、差异联系、干预联系，并提出更加抽象的概念。第三，选择式编码是在上一步提出的概念之间，找出

---

① 　纪莉，林琦桁. 技术赋能视角下主流媒体短视频传播路径研究 [J]. 中国广播，2022（3）：9-14.

② 　彭华新. 作为社会阶层抗争的网络影像反讽研究 [J]. 新闻与传播研究，2018，25（3）：52-71，127.

最主要的核心概念。[1] 表6-1是研究对象统计表。

表6-1 研究对象统计表

序号	抖音号	粉丝	报道来源	开放式编码	主轴式编码	选择式编码
1	殊宫古典珠宝——辜国强	9.9万	新华社、共青团中央	"90后"小伙,点翠非遗技术,花丝非遗技术	手工艺:拜师学艺,坚守技艺	创新设计新中式,让非遗重现人们视野
2	凌云	1 269.7万	抖音年度报告、封面新闻、人民网等	"90后"少女,峨眉派传人,峨眉武术非遗传承人	才艺:展现中国功夫	圆梦武侠,逍遥洒脱
3	马蛟龙Long	482.9万	新华社、人民网	"80后"男子,在英国跳舞的中国舞者	才艺:一把红扇飞舞伦敦,身形宛若蛟龙	走出国门,传播中国舞蹈
4	边靖婷(老旦)	160.2万	《人民日报》	21岁女大学生,用京剧唱腔表演流行歌曲	才艺:用多唱腔还原古风歌曲	传播京剧,敢于将传统戏剧与流行歌曲融合
5	碰碰彭碰彭	927.9万	抖音年度报告、人民网、新华社	"90后"女孩儿,在法国街头演绎古筝	才艺:古筝演奏,演奏经典或流行曲	走出国门,传播古筝文化
6	柳青瑶	26.9万	人民网、《新京报》	"90后"女孩儿,琵琶演奏者,青年音乐人	才艺:琵琶演奏,用原创音乐讲述历史变迁	用音乐重现历史情景
7	郎佳子彧	9.8万	《人民日报》、中国共青团网、《中国青年报》	"95后",北京大学研究生,面人郎传承人	手工艺:面人郎手艺第三代传承人,创新面人郎	用年轻人的方式,传播非遗
8	朱铁雄	1 678.1万	《中国青年报》、人民网、共青团中央	"90后"小伙,中国魔法少年的英雄梦	变装:古风变装+特效	展现年轻一代的国风英雄梦,激发传统文化传承热情

---

[1] 陈阳.大众传播学研究方法导论[M].2版.北京:中国人民大学出版社,2015:86,262.

序号	抖音号	粉　丝	报道来源	开放式编码	主轴式编码	选择式编码
9	四月	378.0万	封面新闻	"00后"女孩儿，热爱汉服文化	变装：汉服文化，模仿古代女子仪态	传播汉服文化，展现名著经典桥段
10	楚淇	876.5万	抖音年度报告、《人民日报》（海外版）、人民资讯	"80后"男子，展现汉服变装	变装：前后反差大，古装气质尽显	传播汉服文化
11	李青仪	15.3万	新华每日电讯	"90后"小伙，仿造古画	手工艺：将古画融合现代元素，诙谐幽默	传播古代山水画技艺等
12	江寻千（九月）	1 012.0万	抖音年度报告、澎湃新闻	"90后"才女，还原非遗文化	手工艺：自学制作过程，有一双巧手	传播传统文化，恬淡生活满足想象

在表 6-1 的样本统计中，这些传统文化短视频青年创作者都有一个共同的特点，即拥有强烈的自我意识以及积极的认同感。根据展演类别的不同，短视频内容可以被编码为手工艺展演、才艺展演、服装造型展演。

在手工艺展演方面，以郎佳子彧为例，他被《人民日报》等多个主流媒体报道、宣传。作为面人郎第三代传承人，郎佳子彧用青年的视角创新面人郎，使之不再囿于传统，又体现传统精髓。在一次采访中，郎佳子彧这样说道："非遗其实可以承载很多想象。每一代人的生活中都有新东西值得展现。"他创作出向科比致敬的《科比名人堂》、以动漫电影为原型的《雄狮少年》、向女医务工作者致敬的《巾帼》等。按照麦克卢汉对热媒介与冷媒介的区分标准，短视频等新兴传播媒介属于热媒介，更加排斥理性话语形式，强调主观的情绪、感觉上的满足。传统文化也终逃不过大众媒介的娱乐修辞，大都脱离原有的实用价值，以娱乐性、审美性价值重现在当下生活中。在手工艺展演中，传统文化正在悄然转变自身位置，以一种更趣味化、更审美化的形式与当代人的接受习惯相契合。

在《超越文化》中，爱德华·霍尔（Edward T. Hall）把交流传达的意义分为高语境、低语境两种传播语境。前者的判断强调意义的交流依赖信息与物质交际的语境，后者则肯定直接的表达与清晰的符号传递。在才艺展演方面，马蛟龙 Long、碰碰彭碰彭走出国门，走向世界，推动了中华传统文化的海外传播。他们的短视频作品没有过多的剪辑技巧与拍摄技巧，采用低语境编码的方式，弱化语言和文字的存在，降低了视频解码的难度，与受众产生直接的视觉与听觉的联系。马蛟龙 Long 身似飞燕，在伦敦广场上翩翩起舞，一把红扇，一开一合间，传承的是中华优秀传统文化。碰碰彭碰彭在法国街头，穿一袭汉服，操一架鸾琴，悠扬的琴声回荡在巴黎街角。"我不能评价她的演奏水平如何，但她做到了我们很多人想做却不敢做的事情，穿上汉服，走到外国大街上弹自己喜欢的曲子。""我觉得他们都是很优秀的文化输出、宣传者！"这种平等的对话突破了时间上、空间上的限制。以"我"为主体，开展与传统文化短视频青年创作者的对话，开展与观看这些短视频作品的大众的交流，这种传播极具裂变式效果。传统文化置身于如此传播环境中，能最大限度焕发其光彩。

在服装造型展演方面，不得不说到被央视多次点名表扬的抖音国风变装博主"90 后"小伙朱铁雄的短视频。在青年文化与传统文化融合的基础上，朱铁雄通过特效等技术创新传统文化表达。他创作的内容为"一笔一墨一幅画"的视频有着高达 524.2 万的点赞。该视频中，故事冲突主要发生在朱铁雄与爷爷之间，实则是两辈人不同的价值观之间的交流与冲突。爷爷坚持先裱再画，一笔一画修改不得。朱铁雄却认为，用现代的高科技平板作画，会更加容易。如此隐藏的冲突其实是面对人生的不同态度。在一个雷雨交加的夜晚，朱铁雄悟出了画一笔是一笔，一言一行都要认真对待的道理，随即用画笔认真地画出这幅画。当爷爷看到这幅画时，这幅画早已被雨水浸湿，墨水晕染开来，让画面目全非。爷爷却说："爷爷看到了，我想留下的东西已经在你心里了。"在这个短视频中，朱铁雄关心长辈，意气风发，虽与长辈有观念上的争论，但仍然静心反思，找到文化之根。这个短视频不说传承，却处处暗指传承，更隐喻文化传承之重任已传递到青年一辈手中。

朱铁雄的作品以青年话语为叙事中心建构叙事框架，以亲情、友情、爱情来丰富人物的性格特征，并用反转、冲突、悬念、共鸣等方式快速吸引受众注意力。他的短视频作品中不乏青年一辈对传统文化的提问与回答。他的短视频既包含具有文化引导作用的价值观，又向大众展现中华传统文化之经典。文化传播的最终目的是产生文化认同并进行文化传承，文化认同的前提是态度肯定，态度的肯定取决于情感的认同。① 朱铁雄的短视频作品善于抓住受众与表演者的情感联系，并以时代主流价值观作为叙事的内核，从而实现成功的情感传递。

三、短视频中的"新传统"：青年创作的融合特征

（一）传统元素和现代元素的融合

美国早期传播学研究的代表人物查尔斯·霍顿·库利（Charles Horton Cooley）曾说过："传播是人类关系赖以生存和发展的机制，是一切心灵符号及其在空间上传递、在时间上保存的手段。"② 传统文化短视频的艺术性是通过文字、画面、声音等意象符号体现的。古老的传统文化符号突破了固有空间的限制，并且敢于与现代符号相融合，实现了在短视频领域中符号的流动性传播。语言符号表现为短视频中的文案和视频介绍，非语言符号表现为短视频中的器物、人物穿着、背景音乐等。

处于媒介技术前沿的短视频，能够将各种传统的媒介形态纳入影像中，进行再创作。短视频创作者基于对传统文化的追求与想象，尝试将

---

① 赵艳，袁港，王健. 受众需求视角下中国传统文化短视频传播策略优化 [J]. 传媒，2022（19）：93-95.

② 库利. 社会组织 [M]. 北京：北京广播学院出版社，2013：48.

传统文化与当代流行的各种媒介文化交织在一起，呈现出融合性表达。传统文化的表意符号与青年文化的象征符号以"拼贴"的方式进行融合。"拼贴"是由法国结构主义人类学家列维·斯特劳斯（Levi-Strauss）在《野性的思维》中提出来的概念。他认为，通过具体创造而从原有的物品和意义中创造出新的意义。随后，约翰·克拉克（John Clarke）将"拼贴"的概念应用于青年文化研究。拼贴成了文化研究中的术语，表现为一种即兴或改编的过程，客体、符号或行为由此被移植到不同的意义系统与文化背景之中，从而产生区别于传统的新的意义。① 在探索青年文化与传统文化的融合路径时，要将青年文化置于传统文化与现代文化结合的结构性位置中去分析与研究。

对传统文化符号的外部拼贴主要是运用现代化的媒介技术，对传统文化进行参与式的创新、改造。"构建透明度和隐藏中介，使媒体介质变得不可见，以增强用户的感官存在感。"② 比如，能在短时间内使自己变身为传统文化中的经典人物，也可以将传统文化符号移植到二次元文化体系之中。特定的符号融合可以增强观众观看短视频时的在场感与认同感。传统文化符号的内部传播主要侧重话语体系内部的拼贴，是传统文化及其符号在青年话语体系中的重塑与表达。

（二）传统审美与流行趣味的融合

短视频青年创作者对传统文化的创新性表达与当代媒体融合得恰到好处。传统文化原有的文化空间随着传播手段、传承机理及传播方式的变革发生变化。③ 传统的文化传播采用"文化下乡"的方式。一方面，传

① 高贵武，葛昇. 拼贴与共享：青年社交平台上的知识传播——基于 B 站知识区短视频的呈现方式考察 [J]. 当代传播，2021（6）：72-76.

② 白龙，骆正林. 沉浸式网络、数字分身与映射空间：元宇宙的媒介哲学解读 [J]. 阆江学刊，2022，14（2）：68-77，173.

③ 陈建兵，王明. 论新时代意识形态的"中国话语"及其意义 [J]. 北京工业大学学报（社会科学版），2021，21（1）：106-113.

统文化（如皮影、戏曲等）在农村落寞；另一方面，皮影、戏曲等表演却在城市或国外一票难求。这种"原真性"与现代化的反差、冲突，促使人们观赏传统表演艺术的原因多是出于猎奇心理。[①] 随着新时代的到来，人们的文化自信增强。"受众从过去的娱乐狂欢视角转向注重中华优秀传统文化。"[②] 短视频通过小屏传播，利用影像再现、场景再现的方式，使传统文化的原有素材与当下的审美取向相适应，并对传统文化的原有素材进行改编，从而实现传统文化传播、"再生"。例如，上海戏剧学院的 5 位"00 后"女生用生、旦、净、丑的不同京剧唱腔演绎古风流行歌曲《探窗》，引得人们无数好评。有网友这样说道："曾几何时，有人说中国传统戏曲会落寞，但这回感觉中国传统戏曲文化会发展得越来越好。感谢你们，国粹传承、创新的未来！"

青年群体以主流群体及其话语表达参与文化审美，尝试寻找青年文化与传统文化的共通性，通过"接受—内化—讲述"的体系，搭建起传统文化与当代文化沟通的桥梁。"内化"的过程实则是不同审美趣味相融合的过程，通过讲述、展演，使得不同文化的趣味体现出来。年轻国画艺术家李青仪大胆突破次元壁，将年轻人喜闻乐见的互联网文化符号、热梗、表情包等与传统山水画相融合。其作品古香古色，又与时俱进。他的短视频作品中有独坐江岸垂钓的蝙蝠侠、误闯羊圈的喜羊羊等。他的短视频作品非但没有受到谴责，反而受到大家的追捧，更有专家对其画作进行估值。李青仪作品诙谐有趣，创作过程精细、漫长，从裁纸到勾勒上色，从试刷做旧到刻章盖印，每一个步骤都力求还原古画特征。传统的笔墨丹青与生动、幽默的现代元素相碰撞、相融合，他的作品用新潮的审美趣味，带给受众反差感与惊喜感，在满足受众好奇心

---

① 沙垚. 乡村文化传播的内生性视角："文化下乡"的困境与出路 [J]. 现代传播（中国传媒大学学报），2016，38（6）：20-24，30.

② 王博. 弥合文化缝隙：电视综艺节目的内容建构与意义抵达 [J]. 电视研究，2021（5）：23-26.

的同时，又加深了受众对传统文化的了解与认识，激发他们探索传统文化的欲望。

（三）传统价值观与青年表达的融合

传统文化短视频青年创作者要具备移情能力，在拼贴好传统文化符号的基础上，赋予其隐性的价值观表达。"皮尔斯（Peirce）三元论"把符号分解为符号本身、对象与解释项。传统文化短视频青年创作者对非语言符号进行解释项的建构，将传统、现代、后现代进行融合，让传统文化走进大众生活。① 在解释项建构的过程中，短视频创作者会通过符号的拼贴、语言符号与非语言符号的组合，表达传统文化中的价值观。情感与心灵体验的民族式审美达成审美主客体之间关系的和谐，促使受众将自身情感与万物相联系，从而达到"神与物游""应目会心""澄怀味象"等物我之间的精神共振。② 江寻千（九月）的视频不仅包括制作荔枝酒、龙须酥、点茶等的具体技法，以及传统工艺与当代日用品的创新结合，还蕴含当今快节奏时代珍稀的匠心精神。传统手艺人对技艺的坚守、对匠心的传承，是手艺价值内涵的直接体现，是治愈当代一些人浮躁、急功近利的一味良药。③

通过表演，江寻千（九月）客观地还原制作场景，切身体验制作，利用低语境的叙事方式，为观众提供了与文化品位相关联的想象。受众直接感受到她的短视频中的每一个制作步骤，这无疑是对传统手工艺"祛魅"的过程。受众通过她的展演，结合自身对传统文化的原有认知，去体验、去超越对传统文化的表层理解，并对以往的价值观进行重塑。戴

---

① 赵艳，袁港，王健. 受众需求视角下中国传统文化短视频传播策略优化 [J]. 传媒，2022（19）：93-95.

② 冷淞，刘旭. "新国风"综艺节目的叙事路径与美学特质 [J]. 现代传播（中国传媒大学学报），2022，44（12）：89-96，113.

③ 何佳. 非遗手作的实践途径与社会美育价值分析 [J]. 当代美术家，2023（2）：14-19.

维·莫利（David Morley）和凯文·罗宾斯（Kevin Robins）说过："文化是一种时间的传承，在空间中塑造时间的意义，借助对共同的历史和遗产的认识，借助共享的传统，借助对共同历史和遗产的认知，才能更好地保持集体认同和凝聚性。"①

　　传统文化短视频青年创作者是传统文化传播的主力军。短视频平台赋予传统文化别样的表现形式。本部分用个案研究法与开放式编码的方法，对样本进行分类与分析，以郎佳子彧的展演为代表的手工艺展演、以碰碰彭碰彭的展演为代表的才艺展演、以朱铁雄的展演为代表的服装造型展演，都是传统文化与青年文化融合、创新式表达的案例，通过对不同文化符号的拼贴，重塑青年表达的话语体系。此外，短视频青年创作者融合自身的审美观念与价值观于传统文化展演之中，在创作传统文化短视频中坚定文化自信。当然，这个时代不缺对年轻人的迎合，传统文化与青年文化的融合应适度，不落入低俗、猎奇、过于消费传统文化的陷阱。要创新传统文化的表达方式，平衡流行文化与传统文化，不失传统文化之精髓。传统文化传播并不是一朝一夕可以实现的，我们要不断地创新，不断挖掘传统文化内生价值，适时调整传播策略，以期以一种更友好、更平和、更具内涵的沟通方式，去传播传统文化，弘扬传统文化精神。

案例二：空间破壁与仪式重构——文化剧情舞蹈节目《舞千年》的融合实践

　　打破文化圈层，破除时空壁垒，淡化代际隔阂，并"以年轻化、娱乐化、趣味化和市场化的节目形态"②拥抱青年群体的"文化破圈"实践，

---

① 莫利，罗宾斯．认同的空间：全球媒介、电子世界景观与文化边界[M]．司艳，译．南京：南京大学出版社，2001：97-98.

② 曾一果，李蓓蕾．破壁：媒体融合下视频节目的"文化出圈"：以河南卫视《唐宫夜宴》系列节目为例[J]．新闻与写作，2021（6）：30-35.

是传统文化实现媒介创造性转化的重要方式，河南卫视深耕于此。继河南卫视牛年春晚节目《唐宫夜宴》全网走红，以及其后"中国节日"系列节目中《纸扇书生》《祁》《龙门金刚》等舞蹈节目成为"爆款"，进而引发"舞蹈破圈"文化效应后，河南卫视联合弹幕视频网站 B 站制作的国内首档文化剧情舞蹈节目《舞千年》再成典范。聚 13 支国家顶级舞团及音乐、礼仪、服饰、历史文化等领域专业人士于一堂，《舞千年》用舞蹈讲述中国故事。该节目甫一播出，便大获好评。该节目在播期间，视频总播放量超过 10 亿次，揽获全平台 400 余条热搜，取得 B 站内评分 9.9 分、豆瓣评分 8.8 分的好成绩。《舞千年》的荣光背后，是制作团队满怀守正创新之心，探索传统文化舞蹈节目"由破到融"新形式、推进"文化融圈"进程的不懈努力。

"融媒体统筹、新媒体首发、全媒体跟进"[①] 思维下，河南卫视系列节目实现跨平台、新媒体和全媒体的多元传播，河南卫视组建起一条"舞蹈美 + 科技炫 + 节目热搜"的"破圈"传播链。《舞千年》凭借"破圈"经验及媒介融合理念，走出一条"融圈"的传统文化媒介传承路径。具体而言，《舞千年》融什么、怎么融、融的效果如何是重要问题。分析《舞千年》的"融圈"机理，是探索传统文化当代转化的有效方式。

一、空间破壁与仪式重构："以舞为媒"的融合实践

"圈"是文化圈层和空间关系的集合，《舞千年》的"融圈"有一个破与立的过程。破指由舞蹈破圈产生的空间破壁和文化圈层壁垒的消解，立指仪式的媒介化重构。破与立并非平面的顺承关系，而是纵横交织的表里关系。已有的"舞蹈破圈"实践的"破"偏向于展示媒介化的表演舞台以及舞蹈文化与媒介文化的形式嫁接。以河南卫视"中国节日"系列节目为例，作为节庆晚会的表演节目，《唐宫夜宴》《纸扇书生》等节

---

① 王净.《唐宫夜宴》火了，猝不及防又有据可循 [EB/OL].[2023-03-06].https://www.thepaper.cn/newsDetail_forward_11352162.

目仍然在呈现舞蹈的艺术观赏性。舞蹈并没有脱离舞台的边界，舞蹈表演只不过从现实空间向媒介空间搬移。在这个过程中，媒体主要以技术赋能的方式作用于舞蹈文化，其"破圈"归根结底是现实舞台向媒介舞台的突破。相较之下，《舞千年》的"破圈"更为复杂，体现为表层的破与深层的立的融合。在形式层面，《舞千年》借鉴此前的"舞蹈破圈"经验，把舞蹈演出的场景媒介化。《舞千年》以"综艺＋剧集"的创新模式，把《孔子》《铜雀伎》《李白》等舞剧从现实剧场搬移到媒介空间，冲破了舞蹈的物理空间壁垒。从文化层面看，《舞千年》在"破"文化性质的同时，进行文化结构的"立"，打造"融圈"的基础。《舞千年》"以舞为媒"，讲述中国故事。舞蹈不只是表演艺术，更是传统文化的表现载体。在《舞千年》中，舞蹈作为传统文化的象征实体而存在。换言之，在《舞千年》中，舞蹈的实用价值（艺术观赏功能）退居次要地位，舞蹈成为交流和展现传统文化的表演形式。在这里，舞蹈因其象征性与表演性，产生如格兰姆斯（Grimes）所说的"仪式化"的特征。仪式是"按一定的文化传统将一系列具有象征意义的行为集中起来的安排或程序"①，一般具有"参与性、程式性、表演性、场合性等特质"②。根据仪式的含义、《舞千年》中舞蹈的仪式化特征与"上下五千年，与君梦一场"的节目主旨可知，《舞千年》实为一场依媒介而生的传统文化复兴仪式。由此，舞蹈破除剧场边界，进入仪式空间。舞蹈从剧场艺术转变为仪式舞蹈，其文化性质有了突破。基于表层文化性质的"破"，《舞千年》的"立"产生：仪式文化与媒介文化在结构上重构。《舞千年》从消解物理空间壁垒与转变舞蹈文化性质的"破圈"上升为重构"仪式—媒介"结构的"融圈"。

　　显然，《舞千年》"仪式—媒介"交融不限于形式上的组合，而在于文化结构上的重构。由仪式和媒介的关系可知，《舞千年》并非媒介的仪

①　郭于华.仪式与社会变迁 [M].北京：社会科学文献出版社，2000：1.
②　徐翔.在线仪式：传统文化的网络新构建 [J].国际新闻界，2011，33（4）：68-73.

式化，而是仪式的媒介化。它意在建构"在线仪式"，即"在互联网上通过网络媒介进行的仪式性事件与行动"[①]，"依赖、生成于网络"且"离开网络媒介就无法进行或维持"[②]是其显著特点。又因当今网络媒介"空间区隔及其相互间的连接会不断翻新"，以及"数字化生活的一大特征是空间的叠加和交织，前、后台的区分难以固定，中心与边缘相互渗透并颠覆"[③]，《舞千年》的仪式结构实际上被媒介拆分、解构，碎片化地融入多元空间中。由此，包括场景、行为及事件在内的传统文化复兴仪式的各项要素，被媒介运行规则程序化，外显于《舞千年》的创制与传播各流程。

二、文本空间：仪式流程的串联与引导

"仪式情境"指"在特定时空环境中综合展现出来的仪式的情形"[④]，包含仪式的展演、行为以及指示三方面内容，也即仪式依照流程展演了什么、做了什么与说了什么。在时空一体的现实空间，仪式通常在整体、独特且唯一的时间、空间中发生，并以时间为导向组接各部分流程。而数字媒介因其"用空间消灭时间"的特征，尤为注重空间的布局。因而，《舞千年》这一"在线仪式"的"仪式情境"，在彰显着多空间叙事性的媒介文本中展现。

从节目形态来看，《舞千年》属于文化剧情舞蹈节目，必然承续了已有的电视舞蹈节目的叙事样态。中国舞蹈节目的文本叙事遵循"开端—发展—高潮—结尾"的模式，大致经历了三个时期：注重文化普及的大众审美叙事阶段、以竞赛比拼为主的真人选秀情感叙事阶段以及向舞蹈艺术回归的专业审美叙事阶段。其间，文本叙事的空间由单一的舞台表

---

① 徐翔.在线仪式：传统文化的网络新构建[J].国际新闻界，2011，33（4）：68-73.

② 徐翔.在线仪式：传统文化的网络新构建[J].国际新闻界，2011，33（4）：68-73.

③ 潘忠党，於红梅.阈限性与城市空间的潜能：一个重新想象传播的维度[J].开放时代，2015（3）：140-157，8-9.

④ 薛艺兵.对仪式现象的人类学解释：上[J].广西民族研究，2003（2）：26-33.

演空间向多空间延伸。《舞千年》充分吸收并融合这些叙事样态，其文本叙事表现为参与、故事、审美以及多空间的统一。简言之，《舞千年》采用全剧本综艺电影化拍摄手法，以"游戏＋故事＋展演"为基础搭建层叠嵌套的"影立方"，展示仪式的引入、发展及高潮三个环节。

（一）游戏空间：感召进场

从形式上看，游戏空间是一个依照游戏程式运行的空间。从性质上看，游戏空间是现实空间与《舞千年》文本叙事空间的联结地带，凸显时空的跨越性。《舞千年》仪式引入在游戏空间中开展。作为联结纽带，仪式引入环节不仅用以呈现仪式的主题及面貌、渲染仪式的氛围和制定仪式的行为准则，更重要的任务是召唤仪式的"期待参与者"进场。

仪式主体（仪式参与者）是仪式的核心要素。仪式的"期待参与者"是仪式主体的重要构成。假若"期待参与者"无法顺利进入仪式情境，就会致使仪式的核心参与者缺失，进而影响仪式的正常构建。从"用舞蹈苏醒文化""以舞寄情""共赴千年之约"等标语可知，《舞千年》仪式的"期待参与者"是热爱中国舞蹈和中国传统文化、满怀激情并乐于实践的青年群体，其进场包括身体和心理的双进场。与传统仪式主体进场的方式相比，《舞千年》仪式主体的身心进场在形式和内容两方面都有新意。

首先，《舞千年》仪式主体的心理进场表现为主体以内化游戏程式的方式实现身份确认。在长期的媒介生活中，《舞千年》仪式的"期待参与者"形成了网络媒介的思维定式，能够准确地接收游戏程式并将其转化成心理共识。在游戏空间，《舞千年》开启了一个"寻找古今最美乐舞"的游戏。游戏玩家的角色为"采舞官"。游戏的主线是寻找最美中国舞蹈并重著神书《十二风舞志》。游戏的行动规则为行动主体跨越历史时空，回到舞蹈最初产生的场景，对舞蹈进行品评、鉴赏。在仪式"期待参与者"看来，《舞千年》用游戏方式进行的仪式引入意在突出"采舞官"这一角色设定。也就是说，仪式"期待参与者"通过破解游戏的程式，获得了《舞千年》仪式的专属身份。这种身份确认使得现实时空的人物不再以旁观者的视角被动地观看仪式，而是以亲历者的身份参与《舞千年》仪式互动。因此，在心理层面，仪式"期待参与者"从现实时空的日常情境进入《舞千年》的仪式情境，成为以角色身份入场的仪式参与者，并在使命感和责任感的推动下，积极参与仪式构建。

其次，《舞千年》仪式主体的身体进场表现为主体通过媒介接触实现身体的虚拟在场。值得注意的是，这种虚拟在场是直接且有效力的。根据《舞千年》游戏的行动规则（《舞千年》仪式的行为准则），仪式的"期待参与者"拥有点评和打分的权利，这种权利以电子操作的方式实现。具体而言，仪式的"期待参与者"可以通过在评论区留言或发表弹幕的方式进行思想交流，还可以用点击链接的方式获取信息以及打分。如此，随着话语、动作以及各种感官的电子媒介化，仪式"期待参与者"的身体经过电子转化，成功进入《舞千年》的仪式空间。同时，这种身体的介入因其具有的强交互性，使仪式"期待参与者"与仪式场景的关系更为密切。其身体介入仪式空间的程度直接影响《舞千年》仪式的质量和效果。

（二）故事空间：情感带入

"期待参与者"被引入仪式情境后，《舞千年》仪式以剧情演绎的形式在故事空间展开。有别于游戏空间中现实时空与媒介时空的叠合，故事空间是想象时空的媒介呈现。它由三国、唐、宋和20世纪80年代4个历史时空"并置"而成，这4部分既因不同的历史氛围而各有特性，又因相同的流程而互为映照。在此空间中，仪式的氛围得到渲染，情感力量得以增强。

"在大众文化消费语境和电视媒介的仪式构建中，仪式的主持人往往具有特殊功能。"① 在仪式展开环节，仪式主持人发挥主要作用。《舞千年》仪式中，仪式主持人由五位拥有舞蹈专业背景的名人担任。一方面，他们具有专业能力，能够确保仪式的质量；另一方面，他们的热度和流量能够提升仪式的关注度。从仪式内部透视，《舞千年》仪式的主持人通过演绎历史名人的日常生活情状，达到情感引导以及互动的目的。按照故事空间的运行规则，仪式主持人遵照"扮演历史名人—荐舞—鉴舞—采舞"的路径组织行动。以三国时空为例，主持人化身为曹丕、曹植、司马懿、杨修与甄宓，演绎了铜雀台荐舞宴宾客的场景。在宴会上，"曹丕"等从自身情志出发推荐舞蹈，并对舞蹈进行点评、赏析。例如，曹氏兄弟合舞《双剑诀》，"曹植"的文质多情与"曹丕"的刚健勇猛得到充分展现。又如，"杨修"和"曹植"根据舞会的主题及"曹操"的偏好，推荐全民知晓且表现迎春、喜悦的《相和歌》，"曹丕"则从王权霸业的角度选取《孔子》一舞传达驾驭天下之气。这样一来，紧张、愉悦、钦佩等情绪就在故事人物的行为中溢出自身而弥漫在仪式空间，成为等待择取的情感元素。"期待参与者"在观看故事的同时，会不自觉地进行对故事情节的解读。随着对故事情节的解读，仪式"期待参与者"逐渐感知到仪式空间中的情感元素，他们的个体情感就自然而然地被激活，仪式的情感结构在仪式"期待参与者"与仪式主持人的情感交流中进一步加固。

（三）展演空间：审美沉浸

《舞千年》中的舞蹈作为仪式舞蹈，"与仪式音乐、仪式戏剧一样，是仪式象征的介质与载体"②。仪式舞蹈的表演是仪式情境的高潮部分，

---

① 　展威震，李开渝，张聪.纪录片中的媒介仪式与国家认同研究：以《行进中的中国》为例[J].新闻爱好者，2022（3）：64-66.

② 　王莉.符号、仪式、剧场：当代中国舞蹈象征研究的路径回顾[J].四川戏剧，2020（10）：152-157.

它的成功与否决定着《舞千年》仪式的终极效用。这是因为仪式舞蹈的展演是使仪式从象征符号转变为文化力量实体的关键。通过仪式舞蹈表演，抽象的审美体验能够转化为实在的审美情感力量，进而起到呼唤文化价值回归的作用。为了释放审美转化的最大效能，《舞千年》设置展演空间，打造审美沉浸。

从叙事来看，展演空间采用"故事＋舞蹈"的叙事模式还原仪式舞蹈的发生场景，深化仪式舞蹈的意义、内涵。从构成要素来看，展演空间是一栋建立在"时间、空间、视觉、听觉"这"稳定的四边形的四个端点之上"的电影艺术建筑。[①]《舞千年》仪式借助这些要素丰富仪式舞蹈的表现形态。

仪式舞蹈的场景由故事情节交代，并且以"实景＋科技"的呈现方式，体现出虚拟且真实的特点。以舞蹈的表现为核心，展演空间包含传统节日仪式、人生礼仪、宴请仪式、现代国家仪式等场景。例如，《踏歌》发生在上巳节的祓礼之后，《五星出东方》舞于精绝宴会之上，《醒狮》舞于征战前夕的饯行仪式中，《布衣者》舞于藏族的欢庆典礼中。同时，这些仪式的场景因实地取景而展现出自然亲和之貌，也因媒介的运用呈现出聚焦之势。《舞千年》导演谈及节目轶事时，特意讲述了长镜头拍摄之艰辛。在《相和歌》中，长镜头展现了东汉立春前夕准备迎春神典礼的场景。观看者跟随镜头移动而转换视线，如身临其境般走过大街小巷，穿过房前屋后。一方面，连续的镜头保证场景的连贯、统一，使行动背景稳定、和谐；另一方面，镜头模拟观看者视角，保证了观看者的视线专注于舞蹈场面。仪式舞蹈被还原到具体的仪式场景中，舞蹈的象征意义首先在仪式舞蹈与具体仪式场景的互动中体现。

在视听语言的加持下，仪式舞蹈的表演更显立体、精致。首先，视觉语言增强舞蹈表演的立体感，舞蹈动作展现得更加细腻、唯美。《舞千年》对舞者的腾空、降落、扭转、翻飞等姿态进行升格、降格以及定格

---

① 戴锦华.电影批评[M].北京：北京大学出版社，2004：29.

处理，舞蹈动作的节奏律动更为明显。同时，技术与舞蹈动作的配合增强了舞蹈的艺术观赏性。例如，《火》一舞采用拟人的方式展现了远古火种的诞生及绵延过程，舞者用身体姿态模拟火苗的动势，同时伴以技术虚拟出的火星，呈现人与火交融的画面。其次，《舞千年》采用"将音乐内在结构作为电影叙事单元"的"音乐音响化"①的方式，强化观众体验的真实感。在舞蹈表演过程中，屏幕上经常出现"为呈现最佳观影效果，建议您佩戴耳机或使用音响"的提示语。例如，《关公》一舞中，打斗中的刀剑碰撞声、风声、脚步声等自然音与配乐融为一体，形成立体的复合音，提升了音画层次。

在剧情与技术的双重作用下，"期待参与者"专注于仪式舞蹈的表演，其情感随舞姿的变换而激荡，精神受到强烈震动，并产生强烈的审美力量。虽然《舞千年》仪式舞蹈因主题风格的不同而各有寄托，但是它们总体收束于"把生活的苦恼和死的幻灭通过放大镜，射到某种距离以外去看"②的悲剧情感中。《幻世金刚》《赵氏孤儿》《昭君出塞》展现了不同时代个人在小我与大我间的取舍，《秦王点兵》《五星出东方》《醒狮》表现了危急存亡之际中华儿女的家国、民族大义，《丝路花雨》《大河三彩》《敦煌》展现了历代匠人的艺术追求与献身精神。这些历史时期中，普通个体的生活实践和情感体会背后蕴含的是有关传统精神、气节与家国想象的文化能量。"期待参与者"在沉浸式观赏舞蹈表演时，接收到舞蹈中的悲剧情感。结合自身的体悟，他们在情感共鸣中主动进行文化再确认。

三、媒介空间：仪式传播场域的迁移与召唤

《舞千年》仪式的传播在传播者、受众、信息等方面与以往的传播实践有所区别。首先，《舞千年》仪式的个体传播和群体传播大致同步，传

---

① 戴锦华. 电影批评 [M]. 北京：北京大学出版社，2004：70.
② 朱光潜. 我与文学及其他·谈文学 [M]. 北京：中华书局，2012：49.

播参与者既不是完全的仪式接受者，也不是完全的仪式传播者，而是集接受与传播于一体的传播体验者。其次，《舞千年》的传播是一种以仪式化的形式传播仪式内容的行为。《舞千年》的仪式内容偏向于仪式的盛大与非日常的事件性。换言之，《舞千年》的传播不是单纯地传递信息，而符合詹姆斯·W.凯瑞（James W. Carey）所说的共享信仰表征的仪式传播，其目的是建立"一个有秩序、有意义、能够用来支配和容纳人类行为的文化世界"。[①] 同时，立足于网络媒介空间，《舞千年》的仪式传播处于独特的场域中。场域为布尔迪厄（Bourdieu）所提，指一个相对独立且充满斗争的社会空间。《舞千年》的仪式传播场域指"具有某种传播氛围的特定时空与心境"[②]，包含"仪式传播得以开展的物质场景""人们通过大众媒介、个体亲历等传播实践建构的社会关系"以及"人们通过想象营造的特定心理情境或仪式场景"[③] 三个方面的内容。在《舞千年》的仪式传播场域中，传播体验者经网络媒介场景、社会关系及心理情境的迁移，在仪式化的传播模式中实现对话与合作。

（一）场景与体验者：弹幕观看的群体约会

从场景出发，《舞千年》的仪式传播形成以 B 站为中心，辐射其他社交平台的网状覆盖态势。且因网络节点连接的灵活性，《舞千年》的仪式传播场景处于流动状态。传播体验者对 B 站中《舞千年》的传播场景的理解及他们在此场景中开展的传播活动，奠定了整个流动场景的传播基调。发送弹幕是仪式传播体验者开展活动的首要方式。

弹幕含有技术、社会与文化三个维度。在技术方面，弹幕是由算法

---

① 凯瑞. 作为文化的传播："媒介与社会"论文集[C]. 丁未，译. 北京：华夏出版社，2005：7.

② 张方敏. 仪式传播场域论纲：对传播仪式观研究支点的探索 [J]. 当代传播，2015（5）：18-20，49.

③ 张方敏. 仪式传播场域论纲：对传播仪式观研究支点的探索 [J]. 当代传播，2015（5）：18-20，49.

构建起来的社交系统；在社会方面，弹幕联结了社会成员、社会资源等多种社会要素；在文化方面，弹幕是提供文化知识的学习交流系统。用户对弹幕的使用是联结这三个维度并形成新的话语传播场景的关键。对《舞千年》的仪式传播体验者来说，弹幕首先是进行个体传播的工具。仪式传播体验者通过发弹幕表达对《舞千年》仪式内容的接受与内心感想，完成"物—我—心"的个体传播。实际上，这种弹幕使用是个体与计算机进行互动的一种形式，其中的交流与反馈都来自个体自身。在个体传播的同时，弹幕因具有实时互动性，能够把各仪式传播体验者的个体传播联结起来。仪式传播体验者在理解其他个体感受的基础上，产生强烈的同在感，进而产生群体约会的效应。

在个体传播到群体约会的转变过程中，仪式传播体验者也从个体转变成群体。与此同时，B站传播场景并非静止不动，而是影响着发生在其中的传播活动。《舞千年》的B站传播场景并不是只彰显B站属性的单调场景，而是体现B站和传统卫视双重属性的融合场景。一方面，随着政策导向与技术迭代升级，B站具有的二次元圈层文化属性在与主流文化的交流、碰撞中被中和，B站成为中心文化与亚文化交融、共生的平台；另一方面，河南卫视与B站的平台合作让传统电视媒介具有的大众共享与群体聚集的特性被引入B站，打造出传统与现代交织的传播场景。因而，由弹幕使用形成的《舞千年》的群体约会场景的文化属性是多元的。

从文化方面看，经过弹幕的转化，《舞千年》成为一个"包纳虚拟形式、传统基因以及现代价值内核"①的异托邦，仪式传播群体通过共享异托邦而体认《舞千年》文化。首先，弹幕的造"梗"削减了历史的陈旧，营造了当代生活的娱乐气氛。《舞千年》时常出现谐音、戏谑形式的弹幕，如"此弟（地）不宜久留""我不叫天下第一，请叫我逍遥伞（散）人""李白：不及汪伦送我情"等。其次，弹幕的文字与画面形成互动，

---

① 柯林斯. 互动仪式链 [M]. 林聚任，王鹏，宋丽君，译. 北京：商务印书馆，2009：93-105.

产生主流文化与亚文化知识交替变奏的效果。例如，"是舞也是武，是鼓也是骨"是对《醒狮》展现的三元里抗英斗争前夕饯行的悲壮场面的感想，"加点蓝""中国蓝""蓝上加蓝"则以轻松的方式为烧制唐三彩助力。在这样的由一张一弛、亦庄亦谐的弹幕填充起来的话语传播空间中，仪式传播群体既感受到传统文化的厚度，也获得青年文化的丰富体验。因而，在仪式传播群体与 B 站场景的交流中，《舞千年》的传统与现代融合性得到增强。

（二）制作组与体验者：召唤与漫游的仪式互动

《舞千年》的片尾写着："特别鸣谢全国观众以及喜爱哔哩哔哩和河南卫视的小可爱们，感谢你，与我们共赴这场舞蹈盛宴。"这表明，《舞千年》的传播注重构建关系场景，并且，《舞千年》的关系场景是在情感认同的基础上，形成的制作组与仪式传播体验者之间的仪式互动链条。此互动链条的核心在于构建"一种相互专注的情感和关注机制"，进而形成"一种瞬间共有的实在"以及"群体团结和群体成员身份的符号"。[①] 谈及如何联系受众时，《舞千年》导演表示，站在受众的视角去制作作品，导演组把姿态放在和观众一样的位置，聆听观众的心声。这种视角的转变让制作组和受众的关系从单向的"传播—接受"变为充满情感能量的"召唤—漫游"。制作组的召唤在于，通过创造一种外部揭秘与内部探险的互动模式，打造共同的传播情绪，且在此基础上不断激发受众的积极向上的情感能量。受众的漫游在于，受众怀着高度自信和热情的共同情感进入制作组设置的互动模式中，试图掌握《舞千年》的全部隐秘。

制作组基于《舞千年》的相关物料，发出外部揭秘的邀请。首先，制作组打造固定的节目预告程式，让受众"在周期与程式中实现认同与

① 柯林斯. 互动仪式链[M]. 林聚任，王鹏，宋丽君，译. 北京：商务印书馆，2009：128-135.

共享"①。《舞千年》开播预告采用"荐舞官集结,《十二风舞志》之争即将拉响""舞林集结令"等广发英雄帖的方式,把受众定义为"舞界盟友"。每期节目开播前,《舞千年》以"接着奏乐接着舞"为口号,提前公布舞会的节目单,进行一周一会的舞会预热。这种预告方式自觉地把受众纳入节目之中,增强了受众的心理预期和对节目的认同。其次,制作组通过全平台更新日常物料的方式唤起受众的好奇心。这是非定期的,具有大众娱乐性,具体包括播放花絮、组织直播以及"发表小作文"。例如,制作组对《丝路花雨》进行播前调研时,发现受众无法准确理解制作组想表达的内容,于是紧急安排直播,向核心受众透露制作组的想法。又如,制作组会在微博、B站评论区发布导演手记,谈论拍摄趣事、分享制作感悟等,隔空与受众进行思想交流。

从《舞千年》仪式内容出发,制作组发出内部探险的召唤,网络链接是开启内部探险世界的钥匙。《舞千年》的链接主要用于提供舞蹈知识,激发受众的学习热情。一方面,制作组专门设置了解锁舞蹈故事的链接,受众可以一边欣赏舞蹈一边获取舞蹈信息。另外,制作组在B站平台上依次设置了"正片""舞蹈剧情完整版""舞蹈纯享版""精彩看点""多版本纯享考古"以及"up主陪你看舞千年"链接。受众点击这些互文性的链接,可以收获大量的中国舞蹈知识。另一方面,制作组立足精英文化,打造番外节目"寻舞计划",并组织学术研讨会,在共享文化中提升受众的审美品位。

(三)内传于心:积极且合法的二次创作

《舞千年》仪式传播的最终效果取决于参与者的心理情境建构。此心理情境不是单个仪式传播体验者的内心场景,而是个体在相互确认之后,形成的群体心理场景。相互确认以一种群体再创造的方式实现。

---

① 晏青. 神话:理解中国传统文化的媒介化生存:基于对电视传播的考察[M]. 北京:中国社会科学出版社,2015:87-88.

《舞千年》的二次创作活动是一种积极且合法的实践。第一，二次创作活动自上而下发起，这从根本上认定再创作的合法性，参与者不会面临侵权危机。B站推出《舞千年》舞蹈节目二次创作活动"国风奇妙纪"，鼓励仪式传播体验群体个性化演绎《舞千年》中的古典舞蹈作品。《舞千年》在微博发起"你心中的舞千年""宋朝古风审美你接受吗"等话题，仪式传播体验群体以混剪视频以及复刻妆容等方式再诠释《舞千年》文化。第二，从动机来看，仪式传播体验群体的二次创作活动是基于认同原仪式内容、传承与发扬传统文化而进行的合法的参与，这与一般的青年亚文化群体的实践有着根本区别。青年亚文化群体采用挪用与拼贴、同构与狂欢以及符号表征的方式，目的在于表现自身的话语渴求，并以娱乐、戏谑以及恶搞等形式表现其反抗态度。这种实践带有强烈的趣缘性，实践者往往"在青年群体的风格'超市'里，将符号、文本、音视频、动漫音乐等随机抽取、信手拈来，再进行嫁接变换、加工改造、即兴篡编"[1]，引发群体内部的情感共鸣。这是通过盗猎文本以满足自身需求的实践，存在一定的侵权风险。仪式传播体验群体围绕《舞千年》开展的二次创作，虽同样采用拼贴、挪用、同构等手法，但意在拉近传统文化与当代审美之间的距离，并在知行合一中产生文化反哺的效果。这一方面凸显了詹金斯所说的参与的力量，"参与的力量在于，通过涂改、修改、改装、扩展，大大增加视角的多样性，并逆向回馈主流媒体"[2]；另一方面加深了群体心理认同，进而加固了心理情境结构。

四、融合空间：仪式符号的重组与共享

传统不是陈迹，而是融合了当代人的创造发明。在埃里克·霍布斯鲍姆（Eric Hobsbawm）看来，"从来就不可能形成或保存一种活的过去

---

① 敖成兵.青年网络亚文化的温和抵抗：特质、缘由及审视[J].当代青年研究，2019（2）：78-84.

② JENKINS H. *Convergence Culture : Where Old and New Media Collide*[M]. New York : New York University Press, 2006 : 257.

（除非在想象上为了古代生活的偏僻角落而建立人类的自然庇护所），而是必须成为'被发明的传统'"①。《舞千年》重构"仪式—媒介"结构的实践，实质上把传统仪式推进一个主流文化与亚文化融合的媒介空间，成功发明出一种"电子仪式传统"，即通过解读《舞千年》仪式的文本流程与参与其仪式传播，获得独特的文化体验。《舞千年》的"电子仪式传统"赖以生存的融合空间是一个不断进行生成活动的空间。在德勒兹（Deleuze）看来，生成是事物共有的状态，"我们并非存在于世界当中，而是跟它一道生成，边静观边生成，一切都是视觉，一切都是生成"②。融合空间的生成动力来自该空间中各种仪式符号的流动、重组。

融合空间的生成并非无限开放，而具有隐性边界，这种边界不是物理上的界限，更多指建立在心理情境和关系结构基础上的准入门槛。《舞千年》融合空间中的仪式符号包括一切能够象征"电子仪式传统"意义的元素。如此，《舞千年》仪式的文本流程及组织方式、传播形式与实践等都成为仪式符号。成功进入融合空间的参与者在"收集仪式符号—解码—任意重组—碎片意义共享"的解构、重构流程下，"不断创造出新的世界形象和生命图像"③。从意义的生产来看，融合空间中存在两种生成模式，一是向内的丰富仪式内容的改编，二是向外的助力其他文化发展的改造。这种不断改编和改造的行为使《舞千年》中的舞蹈在不脱离历史事实的情况下，契合当下的审美追求。首先，《舞千年》仪式文本让古老的占据现实时空的舞蹈仪式媒介化，变得亲民，并使参与者在虚拟在场中象征性地聚集在一起，加强仪式共同体认识。其次，《舞千年》唤起关于传统文化和亚文化的融合记忆。古典舞蹈文化的回归并不是一成不变的回归，而是年轻化、多元性的回归。《舞千年》的融合空间兼具主流

① 霍布斯鲍姆，兰杰.传统的发明 [M].顾杭，庞冠群，译.南京：译林出版社，2020：8-9.

② 德勒兹，迦塔利.什么是哲学？[M].张祖健，译.长沙：湖南文艺出版社，2007：444.

③ 刘群.德勒兹"生成"文学研究 [D].哈尔滨：哈尔滨师范大学，2020.

文化和青年亚文化特性。经过当代青年的理想化改造后，传统文化成为一种充满活力的时代文化。

传统文化不应被尘封在闭合的历史空间中孤芳自赏，而应被邀请到多元、开放的融合媒介空间中尽情"表演"。不破不立，此前一系列文化"出圈"与"破壁"即当代人为复活传统文化而进行的大刀阔斧的扬弃实践。"破"渐趋成熟，但"立"的方式仍在不断探寻中。《舞千年》的"仪式—媒介"的融合实践为传统文化的破而后立提供了一个有益的方向，创造了一个传统文化与当代人进行对话的开放空间。在此空间中，传统文化与当代审美不再处于博弈状态，而是经主流文化与亚文化的仪式协商后握手言和，传统文化获得被持续诉说的力量。

下篇 文化消费之维："传统"经由消费而被认同

第七章 文化融合：生产式消费与传统文化认同实践

　　让·鲍德里亚（Jean Baudrillard）用"消费社会"一词提炼出当代社会的典型特征，生产与消费是商品经济的基本逻辑，符号与物品的消费是社会生存的基本方式。在这个基本的社会运行框架中，文化的生产与传播最终也会指向消费的终端。从传统来看，消费主要是一种货币与物品的交换行为，是一种接受产品与服务的体验行为，消费者是被动接纳的一方。但随着技术与文化的变迁，以及参与文化、融合文化的兴起，消费终端的场景、势能与可能性都在发生变化。大众作为文化主体的创造力与表达力得到充分激发与呈现。同时，消费者的集体智慧、民间创造力、消费行为反馈生产的可能性，也被产业充分激发与利用。在这样的生产式消费语境中，审视传统文化的消费与再生产，以及蕴含其中的认同建构流程，就有独特的逻辑。

一、融合文化语境下的生产式消费

　　亨利·詹金斯提出"融合文化"的概念，用来描述当今发达的媒介环境中，生产者与消费者之间频繁互动、共创内容的文化过程。① 抛开生产者应具有生产、创作、输出的行为，这种融合文化主要揭示了消费者的主动生产与创作，即一种自下而上的文化生产"逆流"。这与早些时候亦由他提出的参与式文化（participatory culture）、英国文化研究学者约翰·费斯克（John Fiske）在电视时代提出的"生产性受众"、阿尔文·托夫勒在《第三次浪潮》中提出的"产消者"（prosumer）等概念有内在的关联性。只是当亨利·詹金斯描述融合文化时，社交媒体与数字技术已经发展到让这种消费者生产和受众赋权现象随处可见，随时发生，非常容易惯常、被感知和捕捉。日益智能化的媒介技术鼓励用户生产内容（UGC）的开放性平台以及注重用户反馈与消费者积极性的商业经济模式共同组成强调生产性的消费场域。在这种融合文化的语境中，消费者在不同层面上的生产式消费构成一幅广阔而丰富的实践图景。

（一）阐释性社群的知识生产

传统意义上的消费行为指的是消费者购买产品、体验服务等行为。但在当今社会，对文化的消费不局限于对产品与服务的被动式消费，更在于消费者将产品、服务等作为自己的生产资料，进行文化内容、意义的再生产与再创造。这种生产式消费的第一个层级就是对知识的阐释与再生产。

阐释性社群（interpretive community）的概念源于斯坦利·菲什（Stanley Fish）的著作 *Is There a Text in this Class?*。他将"阐释性社群"定义为对书籍中的文学内容的含义具有共同认识的读者（readers of books as members of a community who share common meanings about literary texts）。美国宾夕法尼亚大学安纳伯格传播学院教授芭比·泽利泽（Barbie Zelizer）将这一概念引入新闻领域，认为新闻业不仅仅是一种职业，更

---

① 詹金斯.融合文化：新媒体和旧媒体的冲突地带[M].杜永明，译.北京：商务印书馆，2012：30-31.

是一种阐释性社群，通过新闻业的共同话语和对关键公共事件的集体解释而团结起来。①

综上所述，文化消费领域的阐释性社群应指在文化消费中不局限于对产品和服务的被动式消费，更注重将文化产品、服务等作为自己的生产资料，进行文化内容、意义的再生产和再创造的群体。鲁迅在《中国小说史略》中对《红楼梦》的解读就可以被视作对文化产品的阐释。在新媒体时代，信息获取、创作、发布门槛降低，阐释性社群的概念被扩大化。在各个亚文化圈中，消费者不满足于单纯的被动式的视听体验，而是在阐释、生产、创作方面跃跃欲试。例如，在知乎平台的历史区，有"考据党"对畅销小说《明朝那些事儿》中的史实进行考据，将作者当年明月笔下的情节和观点与《明史》《明实录》《明会典》等史书进行比较，分析其行文中的不足和观点中的主观之处。

观众认为，《流浪地球》系列电影"打开了中国科幻电影的大门"。该电影导演的创作过程被描述为"学习好莱坞的科幻电影制作经验，打造以中华传统文化内核为基础的、包含中式美学和核心价值观的科幻电影"。《流浪地球2》的各种相关周边如雨后春笋般涌现，逐渐形成如亨利·詹金斯笔下的"跨媒介叙事"般对这一中国科幻IP世界观的构建。

对于《流浪地球》这一IP，来自粉丝的阐释性内容多种多样。例如，"阐释社群"对隐藏线的解析，将埋藏在表层情节背后的深层故事挖掘出来，探究导演的深意；社群成员大开脑洞的拓展式解析，如预测电影后续情节的发展，或从意想不到的角度分析某位角色的行为动机；社群成员对电影细节的解析，如分析为何各国核弹密码难以在短时间内破解；对科学设定的解析，如邀请专家共同探讨行星发动机建造的可能性、对月球方向车功能的探讨等；对台词含义的解析，如分析"五十岁以上的出列"及其背后的文化内核；对角色群的解析，如对角色马兆、图恒宇

---

① Zelizer B.Journalists as interpretive communities[J]. *Critical Studies in Mass Communication,* 1993（10）：219-237.

的语言、动作、神情等的解析；对电影配乐的解析以及对美术设定的解析等。这些的解析广泛遍布于各种类型的社交媒体平台中，包括但不限于以抖音为代表的短视频平台、以 B 站为代表的长视频平台、以知乎为代表的文字类知识问答社区以及以小红书和贴吧为代表的粉丝文化聚集平台。多元主体在自我协同机制的作用下，在内容发布页和评论区中展开广泛的交流和互动，将认知盈余与平台的智媒资源结合在一起，共同完成对《流浪地球》相关文化内容的阐释、再生产与再创作。

互联网时代的消费平台为消费者提供了内容生产、创意交互的平台。消费者对文化 IP 的认可和喜爱已不满足于单纯地听和看，而是更进一步地参与和建构。消费者将文化 IP 中的角色群、故事作为生产资料，完成了从消费群体到阐释社群的身份转变，以更加积极的姿态与文化 IP 建构者"共舞"。

（二）审美共同体的情感、意义交流

比知识阐释和再生产更深一层的是审美、情感、意义层面的协商、交流与表达。消费者通过各种生产式消费实践，在公开的场域中将自身的喜好、观点反馈给生产者和传播者，在情感与意义上与其他消费者交流，进而产生审美共识、情感共鸣、意义共振，形成审美共同体、情感共同体与意义共同体。文化共同体在消费者的喜爱中逐渐形成，并在审美、情感与意义的共振和认同中进行对文化内容的重定义和再表达，起着凸显文化内核的积极作用。

文化共同体在阐释、生产、创作文化内容后，不停留在相互认可层面，还会不自觉地建立起区隔于其他文化共同体的独特身份标签和审美旨趣，并将这样的身份标签和审美旨趣视作文化共同体的"通行证"，进行"想象的共同体"意义上的联结。

《哪吒之魔童降世》是一部改编自中国神话故事的国产动画作品，讲述了哪吒虽生而为魔，却逆天而行的成长故事。该作品将中华文化中"永

不服输""我命由我"的内核与优秀的画面、跌宕的情节、感人的故事相结合，获得了国内外观众的认可。

《哪吒之魔童降世》的走红也引发了消费者的生产式消费实践。在视频网站上，up 主舟舟书画馆上传了自己手绘的哪吒与敖丙在天宫前玩耍的画面，收获了电影粉丝的一致好评。观众不仅被精美的画作吸引，也被画作中展现的符合电影时空却又脱离故事的场景吸引。哪吒与敖丙以朋友的身份相识，却因身份、立场等不同，站在对立面。观众感动于两者深厚而真挚的友谊。他们在天宫玩耍的画面超脱出电影情节，却在舟舟书画馆笔下引发了电影粉丝的情感共鸣、意义共振。对《哪吒之魔童降世》的共同审美引发了趣缘群体的识别与汇聚，"审美共同体"得以形成。粉丝艺术家基于文化内核对文化作品的二次创作、粉丝对电影情节的探讨以及对二次创作的作品的共同认可都是建立个性化身份标识的过程。趣缘群体在对角色群、时空界、故事核以及故事流的阐释、剖析与分享中建立共同的情感联系，形成"情感共同体"和"意义共同体"。他们通过审美和趣味建立身份标签，进行"想象共同体"意义上的社群、圈层汇聚。

《哪吒之魔童降世》的粉丝不仅热衷于交流对角色的多样情感，也尝试着对故事核中的深层意义进行分析。在社交平台上，对故事核的分析以图文、视频等方式展现。音乐作品《魔童哪吒》通过精致的谱曲和作词，从表层故事情节入手，将表意置于电影内核"我命由我不由天"的层面，体现了对电影内核意义的认同和强调，以音乐的形式完成了与粉丝的意义互动，共同建构起"意义共同体"。

（三）行动者网络的交往实践

在文化消费领域，行动者可以被定义为文化的生产者、传播者和消费者的综合。随着消费者能动性不断增强，以消费者为主构成的行动者网络成为文化生产领域不可忽视的重要力量。消费者的交往行动分为两个层面：一是在文本的故事世界遨游，二是在现实世界的社会参与与行动。在现实层面，消费者通过各种意义、关系的节点汇聚成一个庞大的、具有行动势能的网络，甚至构成趋于专业化的生产性组织，进而反哺产业生产，反哺文化价值，推动文化传承与创新。

消费者通过社会关系结成的行动者网络具有推动文化产业发展、弘扬文化内核的强大力量。2007 年，出于对汉服文化的喜爱，一群年轻人共同创办了中国装束复原小组。他们不满足于在古籍和壁画中欣赏传统服饰，而希望通过自身的创造力和生产力将古代服饰转化为现实。以创始人刘帅为代表的汉服爱好者潜心研究古画、壁画中对汉服的呈现以及古籍中对服饰相关内容的记载，并采用古法搜集面料、提取染料，用古代工艺制作汉服。从创建至今，中国装束复原小组已经累计复原了超过 200 件古代服饰，从爱好者小组发展为国内专业的汉服制作与复原团队之一，还出版了《汉晋衣裳》和《中国妆束》两本专业书籍。[①]

汉服文化的消费者出于对汉服文化的热爱，汇聚成兴趣组织，并将自身的强大创造力和生产力汇聚成庞大的、具有行动势能的网络。中国装束复原小组最初只是汉服文化爱好者成立的兴趣组织，随着对汉服文化研究和探索的深入而发展壮大，不仅吸引了更多业余爱好者的关注，也吸引了上海大学美术学院教师等专业人士参与其中，提升了该组织的专业性，使内容生产进一步专业化。在文化产业生产方面，汉服爱好者自愿成为中国装束复原小组的模特，并乐于自费购买该团队生产的服饰。汉服文化在专业制作团队和爱好者的互动中不断传播和发展。专业团队因此巩固着自身发展壮大的根基，得以可持续地复原传统服饰，反哺汉服文化。与此同时，中国装束复原小组对传统服饰的原材料收集、染料调配、制作工艺等的探索为批量化复原传统服饰、传承传统服饰制作工艺开辟了道路，促进了古代服饰产业的发展。在文化价值方面，中国装

---

① 中国装束复原小组：11 年复原 200 套汉服，外交部高度认可 [EB/OL].[2023-03-08]. https://www.thepaper.cn/newsDetail_forward_2544628.

束复原小组带着自己的作品走上电视节目《天天向上》的舞台，在外交部的邀请下，代表中国参与"中日韩传统服饰展演"，还受到英国电视制作公司的邀请，将中国传统服饰展示给海外观众。

传统文化消费者的文化消费形式多种多样。共同兴趣和喜好将个体消费者编织成庞大的关系网络。他们的创造力和生产力经过该网络的汇聚，推动文化消费者、文化爱好者组合为半专业甚至专业的生产性组织，成为文化创新和发展的重要推动性力量之一。

二、在自下而上的文化内容生产流程中重建对传统文化的认同

消费认同是一个营销学术语，指的是个体通过消费来表达自己与他人或社会群体之间的同一性或差异性，从而对自己进行社会定位和归类。在《消费社会》中，学者鲍德里亚认为，在当今社会，人们对物品使用价值的消费已经逐渐转向对其符号价值的消费。在文化消费领域，消费者对文化产品的选择以及对符号背后文化内容的阐释、再生产、再创作等行为无一不是在表达和构建自己对该文化的喜好和认同。消费者的生产式消费在体现消费者对文化深层次的认同的同时，也在构建一种自下而上的文化内容生产流程。一方面，由于这样的文化认同诞生于广大消费者之中，其天然与消费者具有亲近性，更容易被认可和接受；另一方面，在这一动态的、循环的文化内容生产流程中，传统文化被披上了富有时代特征的外衣，也因此具备了强大的流通性和适应性，社会对传统文化的认同重建得以实现。

（一）知识共享与传统记忆的再生产

消费者的生产式消费具有碎片化、去中心化、零散化、动态化的特点。阐释性社群的知识生产在内容上往往是非体系化的，以碎片化的符号作为传播载体。源自阐释性社群的大量碎片化符号积淀、汇聚、拼贴在一

起，将形成一种用于共享的知识图景。中华传统文化是一个整体性的概念，当代人对厚重的历史具有一种敬畏感，必然导致一定的传统文化传播障碍。而阐释性社群在知识生产过程中产生的碎片化符号天然适应如今普及的微传播语境。区别于宏大叙事的微内容不仅更好理解，也可以做到传播上的无孔不入，更有助于文化知识的共享和传统记忆的再生产。

在央视主办的《中国地名大会》中，节目组通过问答、舆图展示、地名评书等形式吸引观众观看。这背后是专家、学者对地名由来的专业阐释、参赛选手对乡土故事的独到感悟以及观众在节目播出后对与地名相关的中华文化的热烈探讨和知识共享。在一期节目中，专家、学者对"义乌"城市名称由来进行了阐释，将其背后与"孝"文化有关的故事娓娓道来，不仅普及了城市名称由来的知识，也展现了中华文化千百年来对"孝"的重视和传承。该节目对地名含义的理解、阐释、升华，不仅普及了知识，还为消费者的再生产留下了空间，其中一些未有定论的典故成为观众探讨的热点。同时，在各大社交平台上，都有消费者对该节目内容进行二次创作和传播。该节目利用社交平台，以"微"的形式将更多受众浸润在传统文化中，实现文化记忆的深化、广化、显化，实现文化记忆的共同认同。

（二）审美协商与传统文化价值的再凝结

对文化在审美、情感、意义上的联结是通过消费者的生产式消费，通过他们与生产者、传播者以及其他消费者的广泛交流和碰撞而实现的。消费者在趣味、精神、价值碰撞、协商中达成共识，将共同喜好推向前台，使其成为凸显共同体特征的文化内核。这样碰撞、协商、融合的过程恰恰也是传统文化趣味与传统文化当代社会价值进行碰撞与融合的过程。近年来火热的国潮风正是传统文化趣味与传统文化当代社会价值融合的典范。

国潮具有两层含义：第一，有中国传统文化元素；第二，能将传统文化与时下潮流相融合，使产品更具时尚感。根据百度在 2021 年 5 月 10 日发布的"2021 国潮骄傲搜索大数据"报告，国潮已走过了三大发展阶段，目前所处的第三发展阶段是国货、文化、科技全面国潮化阶段，体现在文创 IP、漫画、综艺、5G 等方面。该报告显示，近 10 年，"国潮文化"关注度上涨了 128%。①

以国潮美妆品牌"花西子"为例，它将符号消费的原理和中国传统文化融入彩妆产品之中，并赋予其民族文化色彩，使化妆品也成为一种文化消费符号。"花西子"的品牌 LOGO（徽标或商标，是 logotype 的缩写）充斥着传统文化内涵和传统文化当代价值的融合，以花和小轩窗作为整体造型，穿插英文字母"F"，使古雅的苏州园林元素与现代元素相融合。"花西子"的彩妆产品也多充斥着中华传统文化的元素。该品牌旗下的"同心锁口红"取同心之意，寓同心之愿，将"愿卿执同心锁，得遇一生良人"的美好寄语传递给消费者。"同心锁口红"的外包装以古锁形象展示，将寓意"同心"的中华传统文化以视觉符号的形式呈现，取得了消费者的好感，其内在含义又以"永结同心"的文化意义激发消费者的购买兴趣，增强消费者的文化认同感，从传统文化和趣味认同两方面吸引消费者。②

"花西子"还将千年的雕刻艺术融入产品中，巧妙地创造出有中国特色的"雕刻艺术品"。其中，有展现中国丝绸之路的"镂雕蜜粉饼"，有讲述百鸟朝凤故事的"浮雕彩妆盘"，还有重现西湖之美的"雕花口红"，等等。③ 化妆品本就承载着消费者对美的向往。"花西子"将传统雕刻工艺的文化之美与当代化妆品带来的形象之美融合起来，将传统文化深深

① 国潮 3.0 时代 国货火起来背后的秘密 [EB/OL].[2023-03-10]http：//www.xinhuanet.com/fortune/2021-05/10/c_1127427557.htm.

② 金婉壹．"花西子"的符号建构与文化认同初探 [J].科技传播，2022，14（16）：77-80.

③ 金婉壹．"花西子"的符号建构与文化认同初探 [J].科技传播，2022，14（16）：77-80.

烙印在承载美的商品上，实现了在迎合流行趣味的同时，蕴含和传递传统文化精神和价值，在实现传统文化趣味认同的同时，实现传统文化价值认同，让传统文化在与当代审美碰撞的过程中再发新芽。

（三）行动交往与传统仪式的再发明

美国学者詹姆斯·凯瑞在《传播的文化研究取向》中提出了"传播的仪式观"的概念，用以区分在传统传播学研究中占主导地位的"传递观"。他将仪式作为传播的隐喻，将传播视为文化，认为传播是维系社会存在的纽带，指出传播并不仅仅是表面上的信息传递，更是社会关系和社会生活得以维系的一切仪式性活动。[①] 在文化消费领域，广泛存在着仪式性的传播，消费者通过共同的行为塑造出维系共同体的社会关系和社会生活。仪式是认同的重要通道，消费者的交往行为具有仪式化的意味，这些仪式行为可能是模仿、改造、借用、展演传统文化的某种仪式，既有传承意义，也有再生产的意义。同时，文化消费者的交往行为又不是对传统文化简单而直接的重演与再现，而是充满创造性改造、发明的过程。

在汉服圈子里，汉服爱好者对古代仪式性活动的模仿与重现可以被视为在亚文化圈内通过仪式性的行为进行互动，通过共同的行为实现对汉服文化的共同认同。南京大学南韵汉服社在每年隆冬时节都会举办汉式成人礼活动。在该活动整体安排上，南韵汉服社不仅仅为参与者和观众带来仪式性体验，更将成人礼的由来、不同朝代成人礼在礼制上的不同和服装的区别等汉服相关知识进行普及，将发扬汉服文化与传承传统礼仪活动有机结合。在人员安排上，南韵汉服社的冠笄礼严格遵循古制，由不同成员扮演宾、赞、主任、冠笄者、迎宾、执事等角色，并身穿合乎角色身份的服饰，模仿不同角色的表达、肢体语言和神情。在仪式展

---

① 凯瑞.作为文化的传播："媒介与社会"论文集[C].丁未，译.北京：华夏出版社，2005：4.

演方面，南韵汉服社遵循初加、二加、三加的仪式流程，在悠扬的古筝声中举行仪式，通过对传统文化的模仿和展演，营造契合汉服文化的意境。

　　在有限的空间和特定的场景中，身着汉服的成人礼活动参与者的一举一动都可以被视作文化消费者对传统文化的模仿和展演。南韵汉服社每年一度的成人礼正是通过在特定的场景中参与者对传统文化的模仿和展演，凝聚了汉服爱好者对汉服文化的热爱。这样的仪式性行为既是对传统仪式的模仿与重现，满足了汉服爱好者对"穿越时空进行身心体验"的美好愿望，也通过仪式性行为的视觉化呈现等方式，对汉服文化进行了宣传与发扬。在具体的仪式安排方面，南韵汉服社将与汉服文化相关的知识的普及放在对传统仪式的模仿与再现之前，通过介绍不同角色的身份、地位、衣着、行为，在拉近与观众心理距离的同时，也普及了与汉服文化、传统仪式相关的知识，这正是一个具有创造性的发明过程。

第八章 传统文化实践式认同的三个"样板"

一、国风、国潮爱好者的体验式消费

（一）国风、国潮之族群兴起

曾几何时，国风、国潮等词兴起。在当下的媒介语境中，国风、国潮成为高频词和热门标签。国风、国潮流行过程中，既有各大媒体平台的内容设计与流量推送，也有国货品牌的诉求定位与营销话语；既有影视文娱的荧屏美学，也有文旅端的体验经济；既有青少年的追风与支持，也有主流媒体的点赞与认同。国风、国潮从亚文化圈到大众流行，从国货营销到文化创意，从国潮经济到国风美学，渐有演变成一种蔚为壮观的潮流文化的趋势。

"国风"一词最早可以追溯到《诗经》中，朱熹《诗集传》云："国者，诸侯所封之域；而风者，民俗歌谣之诗也。"也就是说，国风大抵是周初至春秋各诸侯国的民间诗歌，反映的是各诸侯国的民情风俗。

然而，若问当今的青少年，"国风"之滥觞何在？他们多半会联想到其所指的潮流文化含义，并到属于自己的亚文化圈中去追根溯源，如早些年的仙侠游戏音乐翻唱、以古风音乐为生产和消费核心的古风圈、近年来越来越热的汉服热或 2018 年——这一年，国产运动服饰品牌李宁在纽约时装周上推出"悟道"主题系列，因此 2018 年被视为国潮的开启元年。

有必要对国风、国潮进行人类学意义上的溯源考察，方能摸出一些脉络。看一看进入 21 世纪以来，以"85 后""90 后""00 后"为主体的当代青少年在与政策、资本、平台、技术等多元力量的协商与共享下，是如何将一种小众亚文化破圈演绎成一场席卷大众的流行文化狂欢的。

1. 圈地自萌的古风文化

先来看一段圈内人士对古风文化的时间线梳理：

2003 年 11 月 22 日，河南郑州一位名叫王乐天的电力工人身穿汉服走入市中心商业街，这一天被认为是汉服文化的发端。此后，汉服爱好者齐聚网络空间，汉服圈渐成规模。2004 年，心然、清响等早期古风爱好者从填词翻唱开始，进行古风音乐创作。古风音乐逐渐被人熟知。这一年被认为是古风肇始之年。[1] 2006 年左右，以《知音漫客》为代表的一批国漫刊物兴起，刊载了一系列古风漫画作品；《秦时明月》等知名国风动画作品在同一时期诞生；《仙剑奇侠传》系列与《古剑奇谭》系列等游戏作品共同奠定了国风游戏的基本面貌。[2]

[1] 另一种说法是在 2005 年，歌手心然以古风翻唱了《新绝代双骄 3》的主题曲《守候》，标志着古风圈的形成；还有一种说法是在 2005 年，分贝网的古风填词和《仙剑奇侠传》游戏论坛的填词翻唱开始活跃起来，可以被视为古风音乐的发端。参见："古风"转向"国风"：一种音乐风格的"破壁"之旅 [EB/OL].[2023-03-08].https://cj.sina.com.cn/articles/view/7343914722/1b5bb3ee200100xpc1?finpagefr=p_104；蒋肖斌，余冰玥.不只"红颜"与"江山"，古风音乐里有 00 后的时代 [N/OL].中国青年报，2018-05-15（8）[2023-03-08]. http://zqb.cyol.com/html/2018-05/15/nw.D110000zgqnb_20180515_1-08.htm.

[2] 王玉玉."国风"为什么能成为下一个"二次元"？ [EB/OL].[2023-03-08]. https：//www.sohu.com/ a/413677959_120048898.（该文作者王玉玉是中国艺术研究院的一名助理研究员。在这篇文章中，作者描述了自己作为古风爱好者的心得，可以算作"圈内人士"，同时具有美国传媒学者亨利·詹金斯所称的"半迷，半学者"的研究者身份。）

从上述信息可以看出，古风文化作为一种亚文化，从一开始就具有两个特征：其一，以古风音乐为核心生产和消费内容；其二，与汉服、国产动漫、仙侠游戏等的爱好者圈层文化具有交集。根据这两个特征，我们继续顺着时间的河流往下，去探寻古风形成的脉络。一方面，古风爱好者进行以古风音乐为核心的内容生产，致力寻求古风音乐商业化、产业化发展，古风音乐渐成破圈流行之势；另一方面，古风爱好者频繁出入其他邻近、相关的亚文化圈，致力寻求借鉴与互动，在定义古风和划分边界的过程中，打造了一种小众流行的风格文化。古风形成的脉络如下：

2007年，中国第一个古风原创音乐社团——墨明棋妙原创音乐团队建立。该团队的出现被视为古风发展的一个重要里程碑。该团队包括制作人、监制、作曲、编曲、乐器演奏、作词、演唱、后期、图文设计、企宣行政等多种职司，架构完整，成员众多，创作出了《倾尽天下》《再逢明月照九州》《为龙》《刹那芳华曲》等许多优秀的古风音乐作品。

2008年，"千歌未央"成立。2009年有了"鸾凤鸣"。2012年，墨明棋妙原创音乐团队在北京举办现场演唱会，古风音乐正式由虚拟空间走向现实世界。

2013年，歌曲《江湖·闪蝶》以方文山为音乐指导，使古风音乐与中国风流行音乐出现了交集。在同一年，在南京举办的"金陵·秦淮梦古风文化节"将古风音乐表演从网络平台转移到现实舞台，正式将"古风音乐"概念推至公众视野。这一年，音乐人桂震宇与众多歌手、二次元网红举办了一个"动漫音乐节"，尝试将动漫文化与古风音乐相结合。

2015年，"结绳记"主题演出在人民大会堂举办，中国国家交响乐团和民族乐团助阵。

2016年中秋在国家体育场（鸟巢）举办的"心时纪"古风演唱会，被称为古风从二次元走向三次元的一次最大规模集合。在这次演唱会中，主办方弃"古风"，改称"国风"。这表现了主办团队希望以"中华五千年文化颂扬者"的"正统地位"示人的强烈意愿。①

2007年以来，以原创古风音乐作品、团队、线下活动等为中心，古风爱好者因兴趣相投，在网络空间中组成趣缘社群，形成创作—传播—消费的圈内循环。早期，古风爱好者主要以音乐门户网站、论坛、贴吧等为据点，后来转移到微博、B站、抖音等社交媒体和视频平台。同时，古风爱好者与动漫、汉服、cosplay（角色扮演）等亚文化圈一直保持着密切互动，广泛吸收这些更为成熟的亚文化的审美风格、叙事元素、社群组织模式等，继而形成一个边界流动、风格突出的亚文化群体，在纷繁驳杂的青少年亚文化潮流中，拥有了自己的一席之地。

比如，从粤语歌填词翻唱开始，进入古风音乐圈；因为古风音乐圈中优秀的同人歌曲创作，开始玩《剑侠情缘网络版叁》《天涯明月刀》等古风/仙侠风游戏；在古风歌曲中感受到古琴的魅力，开始学习古琴，并在琴会雅集中见到身穿汉服的古琴爱好者，于是开始接触汉服圈，和汉服爱好者一起穿汉服出门；再从汉服圈开始接触JK制服与lo装圈；或者为了自己做首饰配汉服，进入手工制作古风发饰的亚文化圈，学习缠花、绒花等传统工艺，从而结识手作圈的手作爱好者；等等。②

又如，中国人民大学会计专业学生蓓蓓发现，古风音乐总是会不时闯入自己的生活：高一时看了网络小说《九州缥缈录》，随后在贴吧发现一首古风同人歌曲；高二分班后，所在文科班的同学都在唱《第三十八年夏至》（出自古风音乐人河图专辑《风起天阑》）；上了大学，看一部讲民乐团的电影《闪光少女》，剧中人物演奏了《权御天下》，"我小学时学过二胡，试着拉过这首曲子"。中国人民大学商学院学生子涵从高中起喜欢古风音乐，"当时，我把《倾尽天下》的歌词抄到了课桌上。那种木

---

① "古风"转向"国风"：一种音乐风格的"破壁"之旅 [EB/OL].[2023-03-08]. https://cj.sina.com.cn/articles/view/7343914722/1b5bb3ee200100xpc1?finpagefr=p_104.

② 王玉玉."国风"为什么能成为下一个"二次元"？[EB/OL].[2023-03-08]. https://www.sohu.com/a/413677959_120048898.

头桌子，圆珠笔写在上面，不擦，笔迹不会掉。后来换了一轮座位，我又换到了那张桌子，发现歌词居然还在，还有同学补了两句"。北京大学中文系学生陈芳荣从小跟奶奶听戏，当她发现古风音乐里也有"戏腔"时就很喜欢。2016年，"心时纪"演唱会在北京鸟巢举办，芳荣特地跑去做了志愿者。华中科技大学学生志盛最初接触古风音乐，是因为同人视频，背景音乐是《倾尽天下》，"finale（作词人，古风音乐团体墨明棋妙原创音乐团队成员）的词真好，真是古风音乐界的方文山"。[①]

从圈内认同的古风肇始之年——2004年、2005年到2016年（"心时纪"演唱会将"古风"改称"国风"，"国风"一词第一次公开出现），恰好是中国的新媒体发生突飞猛进变化的时期，新媒体从PC终端、门户网站发展到以微博、微信、直播、短视频等为代表的移动互联网与社交媒体的时代。以用户创造内容和社交、互动、视听等为优势的移动互联时代，给青少年的亚文化圈带来了更多生产、传播、展演文化内容的机遇。2016年，古风文化恰好到了步入"新时代"的临界点。也就是说，在2017年，古风爱好者这一股渴望破壁出圈的小众力量，在政策语境、产业助推、技术赋能等多重作用下，会悄然发生一些微妙的变化。

2. 破壁出圈的国风文化

2017年，党的十九大做出中国特色社会主义进入新时代的重大政治论断。习近平强调，"坚守中华文化立场""要坚持为人民服务、为社会主义服务，坚持百花齐放、百家争鸣，坚持创造性转化、创新性发展，不断铸就中华文化新辉煌"。同年12月，"新时代"一词入选"2017年度中国媒体十大流行语"。也就是说，"新时代"一词不仅仅作为党和国家事业发展的一个新阶段的指称，而且迅速进入媒介与文化语境中，成为一个具有更广泛意义的时间拐点。在对政治语境的回应下，我国的文

---

① 蒋肖斌, 余冰玥. 不只"红颜"与"江山"，古风音乐里有00后的时代[N/OL]. 中国青年报, 2018-05-15（8）[2023-03-08].http://zqb.cyol.com/html/2018-05/15/nw.D110000zgqnb_20180515_1-08.htm.

艺创作与生产、文化产业与传播、文化消费与审美，在新时代以来，出现了诸多可圈可点的转型与发展趋势。国风这一微观文化浪潮的出现似乎也能契合这样一个时代节点——2016 年，南京米漫文化传媒有限责任公司主办的"心时纪"大型演唱会在国家体育场（鸟巢）举办，主办方首次改"古风"为"国风"，当时的宣传海报上的措辞为"大型国风主题演唱会"，但在后来，这场演唱会被称为"国风音乐盛典"①。从 2015 年的"结绳纪"古风音乐会开始，一直到 2021 年的"聆南纪·国风音乐盛典"，连续 7 年的年度音乐会云集国内国风圈的原创音乐人进行演出，已打造出一个"国风音乐"演唱会品牌。

2017 年 11 月，在成都举行的第五届中国网络视听大会上，哔哩哔哩董事长陈睿以《年轻的动能》为题发表了主题演讲。在演讲中，首次将 B 站的国创（国产原创动画）、国风的舞蹈、汉服等一系列内容的爱好者称为国风兴趣圈层，并指出过去 5 年国风兴趣圈层覆盖人数在 B 站增长 20 倍以上。② 之后，B 站连续发布这一兴趣圈层的增长人数：2019 年，B 站国风爱好者达 8 347 万人，其中 83% 年纪在 24 岁以下；2020 年，B 站上的"国风新青年"达 9 603 万人，国风视频创作同比增长 331%；截至 2021 年 6 月，B 站国风爱好者已达 1.36 亿人，国风主题视频超过 100 万个。国风成为 B 站兴趣圈层的一个典型风格标签，B 站成为"国风新青年"的一个重要聚集地。

2018 年 11 月，一档名为《国风美少年》的选秀类网络综艺节目开

---

① "国风音乐盛典"一词最早出现在 2018 年的"祈年纪国风演唱会"的海报上。从此往后，"玄武纪·2018 国风音乐盛典""华乐纪·2019 国风音乐盛典""春晖纪·2020 国风音乐盛典"和 2021 年酷狗音乐"聆南纪·国风音乐盛典"，都直接在名称上改用这一称谓。"国风音乐盛典"一词一直沿用至今。2015 年的"结绳纪"古风音乐会、2016 年的"心时纪"国风演唱会也被纳入这一品牌体系，且主办方已从米漫传媒一家发展到后来与酷狗音乐合作，到 2021 年，酷狗音乐已成为唯一冠名平台。

② B 站陈睿：国风爱好者 5 年增长 20 倍以上 [EB/OL].[2023-03-08].https://baijiahao.baidu.com/s?id=1585956214746021298.

始在爱奇艺播出。该节目试图通过年轻人喜爱的方式，呈现国风音乐与国风文化。这档节目的出现在很大程度上，使原本分散、小众圈层化的网络国风亚文化开始受到资本与主流群体的关注，"国风"一词得以出圈流行。

《国风美少年》往后，在整个文化创意产业领域，"国风"一词渐成一个风格标签，被广泛运用。

在影视剧、综艺、动漫、游戏、短视频、音乐等领域，国风成为媒介故事的流行元素与荧屏审美风格。具有影响力的主流媒体与具有流量的新媒体平台，在各自基于传统文化资源与元素的内容表达上，或主动，或被动，似乎都贴上了国风的标签。

以网络文学 IP 改编的仙侠、玄幻、历史、宫廷等题材的古装偶像剧，动辄挖掘自身的国风元素进行宣传与营销，如《延禧攻略》的非遗展现、《知否知否应是绿肥红瘦》的宋代美学、《陈情令》的国风意境、《山河令》的"国风新武侠"等。以央视《国家宝藏》《如果国宝会说话》《中国诗词大会》《经典咏流传》《典籍里的中国》等为代表的文化综艺，被誉为真正具有国风审美的代表。2021 年河南卫视《唐宫盛宴》等的爆红，更是掀起了综艺节目的国风潮。在动画与游戏领域，中国传统文化元素亦向来都是创作者想要致力表达的重要内容，《哪吒之魔童降世》《白蛇：缘起》等动画电影的成功催生了"新国风"动画的概念，《天涯明月刀》《江南百景图》等游戏的热销使得各大游戏平台将国风游戏作为一个重要赛道。2019 年，腾讯研究院发布了一份《国风重光·唤醒——中国传统文化在游戏领域的转化与创新》的报告。该报告指出，国风游戏市场累计有 2 300 多个游戏作品，用户超过 3 亿人，占据游戏用户总量的 50%。

2018 年 4 月，头条号平台官方账号发布公告称，头条号将推出"国风计划"，大力扶持传统文化优质内容传播，增设"国风"频道，并向创作者推出"传统文化素材库"。2020 年 10 月，抖音发起"国风合伙人"

征集活动，将征集到的国风短视频制作成千人国风大片。2021 年 5 月，抖音发布"国风合伙人"扶持计划，对有潜力的创作者、入驻新星创作者、国风新职人三类创作者进行专项扶持和奖励。与此同时，抖音平台上也诞生了诸多现象级的国风 IP、人物及作品。2019 年，西安大唐不夜城的不倒翁小姐姐 @ 皮卡晨以其特别表演，单条视频收获 365 万点赞，话题播放量超 30 亿，引发无数模仿；国风公子 @ 楚淇 10 个月在抖音猛涨超 700 万粉丝，连续登上抖音热点，甚至火到海外；《芒种》《生僻字》等抖音国风歌单中的爆款音乐，均有数百万人欣赏。①

在原创音乐领域，秉承古风音乐突破二次元壁，出圈成为国风音乐的浪潮。网易云音乐、酷狗音乐、QQ 音乐等各大线上音乐平台，纷纷推出国风音乐专区、榜单以及各类创作者扶持计划，如网易云音乐的"国风堂"国风企划项目、QQ 音乐的"醉国风"原创音乐征集计划、酷狗音乐的"国风新语"原创音乐品牌等。2021 年，酷狗音乐发布了一份名为《国风新语见闻录》的报告，其中数据显示，截至 2021 年 6 月 10 日，"国风新语"微博相关话题总量达 5.6 亿，短视频平台话题量超 32.3 亿，国风听众已达亿级。

在文创与文旅领域，国风成为文化产品的创意方向、文旅项目的消费点。2020 年初，知萌咨询机构对中国 10 个代表性城市的消费者进行研究，提出了 2020 年的十大消费趋势，其中之一是"新国风运动"。国风设计、国潮品牌、国风美食、国风庙会、国风剧本杀、国风民宿、汉服写真等，成为流行消费点，尤其是博物馆文创备受追捧，以北京故宫博物院为代表的各大博物馆的多款网红产品"圈粉"国人，引话题无数，尤其深受年轻一代青睐。

3. 国潮之崛起与盛行

在国风流行的同时，国潮也崛起与盛行。2018 年，中国运动服装品

---

① 助力传统文化复兴，抖音推出国风合伙人扶持计划 [EB/OL].[2023-03-08].https：//www.sohu.com/ a/469941152_100284799.

牌李宁亮相纽约秋冬时装周。这一事件被视为一个标志性事件，2018年被称为国潮元年。

2021年5月，百度与人民网研究院联合发布《百度2021国潮骄傲搜索大数据》。《百度2021国潮骄傲搜索大数据》显示，近10年，"国潮"相关搜索热度上涨528%，从经典国货到中国智造，再到文化、科技，国潮走过三个阶段，定义不断拓展。国人在2021年最关注的十大国潮话题中，国货数码、国潮服饰和国货美妆位列前三，其余是国产影视、国漫国游、中国音乐、中国文学、中国美食、文化遗产和大国科技。

（二）国风爱好者的传统文化消费与认同：以电竞圈中的国潮为例

电子竞技是一项广受年轻人关注和喜爱的运动项目。在2022年杭州亚运会上，电子竞技已经被列为正式比赛项目。电子竞技行业的时代性和特点使电子竞技亚文化圈中充满年轻人。同样为年轻人所追捧的国潮文化和电竞文化不可避免地产生碰撞与融合。在电竞圈中，国风爱好者的体验式消费也合乎生产式消费的模式，他们在知识共享、审美协商和交往的文化内容生产流程中建构对共同文化的认同。

1. 新旧文化的碰撞、融合

同时属于电竞圈文化和国潮文化圈的阐释性社群自发地构建起知识生产图谱，以涵盖国潮风的形式展现电竞内容，以碎片化的方式迎合年轻人的观看喜好，给受众带来游戏与国风的新式结合。

例如，B站up主阿然呐啊燃在视频作品《2022国风LOL长卷》中，以游戏中的角色为模板，以水墨画的风格为载体，以宣扬国风、国潮为核心，对游戏《英雄联盟》进行二次创作，并以卷轴展开的方式徐徐演绎，配以国风音乐。该视频中，玩家熟悉的角色以区别于美式超级英雄画风的水墨画风格呈现。创作者还结合角色特点对角色进行了创意性呈现，如让身份为"将军"的角色身穿西汉甲胄，背负四面靠旗，将电竞、水墨画、京剧、国潮等元素融为一体；或为抚琴的女性角色披上汉服，缠绕绫罗绸缎，她们手中的竖琴变成了有中华传统文化特征的古筝。这样的创造性呈现不仅为虚构的游戏世界的人物点缀中华传统文化的气息，还让玩家感受到传统文化与青年亚文化交相辉映的无限可能。该视频作品获得了电竞爱好者和国潮爱好者的一致好评。观众在评论区讨论每位角色的特点，赞叹中华传统文化强大的适配性和在新时代呈现出的强大生命力。

很多青年人缺乏接触传统水墨画的机会和动机，遑论对中华绘画技艺产生兴趣。以阿然呐啊燃为代表的阐释性社群出于自身对电竞文化和国潮文化的喜爱，敏锐地捕捉到了青年亚文化与传统文化交汇处对青年人的强大吸引力，创造出大量的碎片化符号，使一幅幅游戏角色的水墨画通过社交媒体快速传播，以视觉化的方式迅速吸引游戏玩家的目光。在互动区里，关于"水墨画创作""国风美学""传统服饰考究"等话题的讨论如雨后春笋般涌现，让受众通过了解电竞、国潮这样的表象文化，沉浸在传统文化内核的熏陶中，中华传统绘画因此获得了青年人的关注和喜爱。

2. 共同审美的官民共塑

审美共同体的形成过程是传统文化趣味与传统文化当代价值碰撞的过程。在电竞与国潮的碰撞中，创作者与消费者的碰撞使得传统文化逐渐完成了在新潮电竞文化这一载体基础上的价值再凝结与升华，在内容、风格方面，迎合青年审美共同体的爱好，在内涵、核心价值方面，蕴含和传递传统文化精神和价值观。专业创作团队和主流媒体使得电竞与传统文化的融合更加专业化，更符合社会主流价值观。

LPL 是 League of Legends Pro League 的简称，即"英雄联盟职业联赛"。每年夏天，LPL 官方都会举办"LPL 国风日"活动，推动电竞文化与传统文化的结合。在 2021 年的"LPL 国风日"活动中，古筝演奏家墨韵在新华社的邀请下登上"LPL 国风日"舞台，演奏了《传奇永不熄》。

《传奇永不熄》是游戏《英雄联盟》的赛事主题曲之一，以激昂而磅礴的旋律受到了玩家的喜爱。在歌词方面，它歌颂在困境面前永不言弃的精神，传递积极向上的力量。在舞台上，演奏者墨韵身着中华传统服饰，用古筝演奏出这首激昂的乐曲，让玩家发出"古筝不仅可以演奏优雅乐曲，也可以迸发出雄浑的力量"的赞叹。新华社看到了青年群体对电竞文化与传统文化的共同喜爱，看到了游戏主题曲蕴含的正面的可以和中华优秀传统文化相结合的元素，因此将游戏赛事主题曲这一电竞符号与传统文化中古筝、汉服等文化符号相结合，在两者的碰撞中挖掘出国风爱好者与电竞爱好者的共同审美，不仅迎合了青年群体的趣味，也使更多的人欣赏传统文化。

在"LPL国风日"活动中，LPL官方推出了一系列活动。例如，允许观众在传统折扇上书写电竞标语，让观众体验毛笔书法的魅力；创办汉服走秀活动，让电竞选手身着汉服登上舞台，根据每位选手的特点，将选手身上的电竞元素与传统文化元素巧妙结合；为外赛区的选手寄送汉服、端午香囊、纸扇等小礼品，借"他者"传递来自中国的文化和友谊，以电竞行业的独特渠道弘扬中华文化。这样的活动不仅吸引了电竞爱好者的目光，也为年轻人提供了了解、感受传统文化的契机和动力。新华社等主流媒体对电竞国潮文化建构的参与赋予了这一文化"正统化"的地位，让来自亚文化圈的电竞爱好者感受到了被主流文化认同的喜悦，使其更乐于参与电竞国潮文化的建构与发扬。电竞国潮通过自身独特渠道传递中华文化的行为，也让广大年轻人看到了电竞在传统文化认同、传播等方面的作用。

3. 电竞与汉服的开创之举

在电竞文化与国潮文化的交汇处，同样不缺少爱好者对仪式性活动的模仿、重现与再生产、再传播。

以汉服文化为切入点，LPL官方根据各个参赛队伍的风格和专属元素，设计出各战队的专属汉服，从队伍专属颜色和战队品牌精神着手，以汉服的形式延伸不同队伍的核心精神。每一件汉服都有专属海报，配以文字介绍。以 IG（Invictus Gaming，电子竞技俱乐部）战队为例，LPL官方选择唐代诃子裙为服装原型，搭配大袖衫和披帛，使用了该队伍标志性的水墨风，并配以淡蓝色点缀，作为对战队曾获得世界冠军的致敬。在衣缘处，以 IG 战队的中文 LOGO "極"为灵感，将其延展为闪电形纹路。在裙摆处，描摹了羽翼张开的姿态，配合飞舞的羽毛，呼应服饰整体的山水元素。在比赛开始前，赛事举办方还让选手身着专属服饰登上舞台，以传统礼仪的形式向观众行礼、问候。这样的做法引起了互联网中的热烈探讨。社交媒体的用户在关于服饰设计、风格点评、文化回溯的讨论中，将目光投向传统文化的复兴与创新发展。

LPL 官方通过创新收获了赛事粉丝的热情回应。在"LPL 国风日"当天，众多观众自发地身着汉服前往场馆观赛，并以合乎传统礼仪的方式向选手行礼。来自传统文化的仪式在新潮的电竞赛事场馆里，在赛事官方、参赛选手和现场观众的共同模仿、改造、借用、展演中焕发出新的活力。同时属于汉服圈子和电竞文化圈的年轻人将对传统文化的模仿和对电竞文化的热爱融于一体，在新场域展示传统文化魅力，在对传统仪式的模仿中实现对传统文化的再生产、再传播，为传统文化持续焕发生机开辟了新的渠道。

二、粉丝艺术家的亚文化创作

（一）亚文化社群中的粉丝艺术家

亚文化圈中的粉丝艺术家是指在某些特定的亚文化领域（如二次元、国风国潮、游戏电竞、潮玩酷物、科幻科技、偶像饭圈等）中热衷于创作、分享、展示自己的作品的粉丝。这些作品可能包括漫画、小说、视频、音乐等多种形式，表现出他们对某个特定亚文化作品或人物的热爱。而且他们的作品往往质量高，表现力强，具有一定的社交传播效果，时常受到圈内的关注和追捧。他们成为所在亚文化圈的著名人物，故被称为"艺术家"。一些著名粉丝艺术家的作品因流传度和影响力大，被广泛传播、收集甚至收藏，成为亚文化圈中的一种文化符号和象征。这些粉丝艺术家都是自发组织起来的，形成了一个个亚文化社区。他们通过各种渠道来分享自己的作品，如视频平台、社交媒体、在线论坛、专门的网站等。而且他们之间会相互交流、评论、分享创作技巧和经验。这种亚文化社区形成了一个亚文化生态系统，可以不断地产出新的作品和创意。

1. 粉丝艺术家的存在空间

当今互联网中之所以能出现亚文化各分支领域中粉丝艺术家的创作热潮，甚至亚文化的影响力使主流文化主动对其进行融合与收编，是因为有多元空间力量的支持，这些力量足以支撑其生存和发展。首先，网络社交媒体为粉丝艺术家的亚文化创作与消费提供了广阔的空间。2020年以来，不论在我国还是在世界范围内，以内容创作与分享为主的社交媒体都空前活跃起来。在中文互联网世界，以 B 站为代表的次元文化集结地和以抖音为代表的微传播短视频平台都迎来了大火之年。越来越多的亚文化粉丝在潮流的驱动下，越来越主动地在网络社交平台创作和分享自己的作品，并进行广泛的亚文化消费与素材收集。在此期间，一些富有创意、审美度较高的作品在互联网的裂变式传播下，在圈内甚至外部流行开来。创作这些作品的人在流量与粉丝回馈的吸引下继续产出。做到保质保量的粉丝创作者逐渐成为所在亚文化创作领域的意见领袖，也就是粉丝艺术家。其次，粉丝经济作为近年来的一种新兴经济模式驱动着粉丝艺术家的创作。除了在创作平台获得可观的数据，赢得广告商的青睐外，粉丝艺术家是 UGC 中的意见领袖，其粉丝量级与粉丝黏度可以成为他们直接与粉丝互动，进行变现的资本，一种典型的行为就是直播带货。经济基础决定上层建筑，粉丝艺术家拥有更强大的经济实力是其持续进行高质量艺术创作的重要前提。再次，粉丝社区为粉丝艺术的生存提供了相对封闭、安全的环境。它由一群喜爱同一偶像或文化风格的粉丝组成。在这个社区中，粉丝艺术家可以得到更多、更可靠的支持和鼓励，也可以和其他粉丝艺术家相互交流、学习。我国知名粉丝社区"LOFTER"就是一个针对艺术创作者和粉丝的交流社区。该社区中集结了围绕各种文化作品产出的亚文化创作，主要创作形式为视频混剪和同人文小说。这些视频和小说为粉丝艺术家的创作提供了很多素材与灵感。最后，粉丝艺术家能够在互联网中施展拳脚，也离不开平台的支持。B站、抖音、小红书等平台都在阶段性地推出亚文化作品创作大赛，如"国潮季""梗文化季"等。平台方同时邀请粉丝艺术家和普通用户参与其中。在这个过程中，许多粉丝艺术家"更上一层楼"。一些普通用户借此机会步入了从素人到粉丝艺术家的身份转变与价值被认同之路。

2. 粉丝艺术家的内容生产与文化消费

互联网亚文化圈中的粉丝艺术家通常具有典型的创作行为和鲜明的特征。就国风、国潮类创作来说，第一，他们的创作源于对流行文化和传统文化的热爱。从总体来看，亚文化圈中的粉丝艺术家集中于"Z世代"。他们在流行文化的魅力影响下长大，同时被优秀的传统文化滋养，又具有尝试精神，接触了许多小众文化。几种文化的交织与合流集中体现在"Z世代"身上。他们常常受到某种文化的启发，从而产生了创作的灵感与动力。比如，国风、国潮粉丝艺术家往往善于将中华传统文化与现代流行元素相结合，创造出酷潮又大气的新中式风格。第二，粉丝艺术家往往创作风格多样，有的作品表现出强烈的自我风格，有的作品更多地表现出流行文化的特征。比如，在国风创作区，以垫底辣孩、楚淇等为代表的粉丝艺术家的作品更多地呈现出了当下流行的国风元素，以夏弃疾、朱铁雄等为代表的粉丝艺术家的作品表现出鲜明的个人风格，让人过目难忘。第三，亚文化圈中的粉丝艺术家通常是独立自主的创作者，他们的作品多数是自主创作的作品，而非商业化机构的委托作品。同时，他们也独立自主地通过网络等传播自己的作品，从而获得更多的粉丝与认可。第四，粉丝艺术家通常具有强烈的社交性与互动性需求。他们通过社交网络和粉丝社区与其追随者互动，分享自己的创作经历，获取粉丝的反馈与支持。同时，他们也善于与其他创作者交流。

文化消费是指人们在日常生活中，通过购买或体验文化产品和服务来满足精神文化需求。亚文化圈中的粉丝艺术家与其文化消费者一样，也有独特的文化消费行为。一方面，粉丝艺术家通常会进行大量的文化产品消费，以获得更多的灵感和创作素材。他们会购买动漫、小说、游戏等产品，进行观看、阅读、游戏体验等消费行为。在这个过程中，他们会注意到文化产品中的一些细节，如人物形象的设计、情节的设置、台词的表现力等，这些细节会成为他们后续创作的灵感来源。另一方面，粉丝艺术家也会通过参加各种文化活动，如漫展、同人展等，增加自己的文化体验与交流。在这些活动中，他们可以看到其他粉丝艺术家的作品，与他们交流创作心得，结交志同道合的朋友，等等。这些活动不仅是亚文化圈中粉丝艺术家的社交场所，也是他们展示自己创作成果的机会。值得一提的是，粉丝艺术家也会在文化消费的同时，对文化产品进行二次创作，以表达对原作的喜爱和个人的创意。他们可能会创作同人小说、同人漫画等，对原作中的人物形象、情节等进行改编，以展示自己的才华和对原作的致敬之情。这种二次创作的潮流不仅丰富了亚文化圈的文化内涵，也让粉丝艺术家在自己的创作道路上获得更多探索与创新的机会。结合粉丝艺术家的上述文化消费行为，著者认为，他们对文化素材的选择与消费具有多样性，他们不仅会追逐时下流行的亚文化元素，如 ACG（animation、comic、game 的缩写，是动画、漫画、游戏的总称）、轻小说、演唱会、cosplay 等，也会对历史、传统文化等方面的素材进行消费和运用。另外，粉丝艺术家通常会对自己喜欢的文化素材进行深入探究，从而形成自己的精品意识。他们会花费大量时间和精力去了解自己喜欢的文化素材，而不只进行碎片化的检索与接收，并且在自己的作品中对这些素材进行深入的表现。与此同时，他们也会尝试搜集和运用不同类型的文化素材，从而获得更加丰富的文化体验与更广阔的视野。

（二）粉丝艺术家对传统文化的认同：以国风变装短视频为例

近年来，从抖音、小红书等热门短视频平台流行开来的国风变装成为向广大新媒体用户碎片化传播新国风服饰与意境审美、建构新国风集体记忆以及带动国潮国风文创产业发展的新路径之一，广受各年龄段受众的青睐。与以往由电视媒体呈现的叙事宏大、整体美学特色更为正统的历史剧作、历史节目不同，国风变装短视频属于倚靠传统文化和当代潮流文化"两座大山"而形成的具有中国特色的青年亚文化的一大分支，由于有传统文化底蕴，可与主流文化相融合，又因有潮流文化的体现，也能在亚文化圈"吃开"。在内容创作平台上，以朱铁雄、嘉了个玲、壶提提、垫底辣孩等网络博主为代表的粉丝艺术家在国风变装创作上各显神通。他们的视频具有鲜明的个人风格与特色，而且在内容构思上不拘泥于传统服饰的呈现：朱铁雄以正能量的剧情和堪比电影的特效技术传承国风审美，嘉了个玲以艺高人胆大的想象力将《山海经》中的神、妖、鬼、人具象化，壶提提在少数民族的非遗文化中寻找女性价值，垫底辣孩以形象反差和大片质感呈现国粹与中国城市文化之魅力。这些粉丝艺术家以大气、美观又新潮的作品展现自己对国风国潮的审美认同和价值认同。莫要小瞧这种文化层面的微澜，潮流的背后是一个国家、一个民族自觉或不自觉的觉醒，文化在形而上的层面成为决定历史走向的精神之舵，"文章千古事"（杜甫《偶题》）绝非夸大其词。①

优秀的国风变装短视频往往将模仿与创新熔为一炉，也就是既有对传统特色的还原，又有体现青年亚文化元素的创新，表达对传统文化的向往和敬意，以一套较为成熟的底层创作逻辑来表达对优秀传统文化的价值认同。

---

① 宝木笑.复兴与新生：审美回归背后的不死国风[J].今日教育，2018（1）：64-67.

第一，国风变装视频以历史背景和文化符号打底。国风变装视频往往以历史时期为背景，通过服装、道具、场景等营造出浓郁的传统氛围。在这个过程中，粉丝艺术家需要对历史背景和相关文化符号有一定的了解和把握，以便将其融入视频。粉丝艺术家朱铁雄在《里子和面子》视频中由于要展现何为"里子"、何为"面子"，以便让观众更好地理解视频内涵，将舞动跳跃的醒狮和绚烂的铁花作为"面子"，将敲醒狮鼓的人和打铁花的老师傅作为"里子"，不仅体现出传统醒狮舞传承者的艰辛，也让许多观众对"里子"和"面子"有了更深的感悟。有网友评论道："谢谢老师让我们看到这么多里子，也让我明白：没有里子，也不会有这么风光的面子。"在拍摄此条视频之前，主创专门去学了醒狮鼓和打铁花这两门传统技艺，并非摆花架子。

第二，国风变装视频创作者十分注重画面的美感与对节奏的把控。国风变装视频的创作者十分注重对灯光、配乐以及台词等的处理，往往能够营造出一种神秘又熟悉、梦幻又动人的氛围，让观众沉浸其中。粉丝艺术家嘉了个玲的《山海经》系列作品以似人非人的妆造还原了《山海经》描写的几十个上古生灵的形象，如重明鸟、鲲、腓腓、类、女娲等。以其作品《类》为例，在该视频中，她将雌雄一体的神兽类具化为通体洁白、似兔似狐、朱唇杏眼的上古牝牡，在绿色植被稀少的墨石之山取景，以契合原著描绘的"亶爰之山，多水，无草木"的神兽栖息之地。视频的背景台词以类为第一人称，以半文半白的形式诉说凡人企图食类肉身来断妒念的传说，最后类猩红的眼睛中释放出杀气，缓缓道出"来时有路，去日无门"，一个凶狠神兽的形象被呈现出来。服化道、台词与音效的配合让角色的感染力以短短几十秒就传达给观众。评论区有人留言："吓得背后发凉。"

第三，国风变装视频有角色的设定与塑造。粉丝艺术家往往会在视频中提前对角色进行设定和塑造，让他们具有独特的记忆点，也使观众能够更好地理解和认同角色。在粉丝艺术家朱铁雄为数不多但制作精良的视频作品中，人们能看到策马长枪的赵子龙，手拿乾坤圈、脚踩风火轮、从顽皮少年到涅槃重生的热血哪吒，手握青龙偃月刀、义薄云天的关云长，保家卫国、不惧苦寒的护国大将军，明知生死难料，毅然出警执行任务的人民警察，等等。这些作品有天马行空的特效，更有构思巧妙、意蕴深厚的传统风骨。从舞龙、舞狮到京剧传承，年轻的主创用一己之力宣传了国风的魅力，让世人看到的不只是传统的"形"，更是历史的"厚"和文化的"魂"。①

第四，国风变装视频内容具有创新性和故事性。这类国风变装视频的成功在很大程度上取决于粉丝艺术家对内容的创新。如果视频只是套搬现有"模板"，而没有具体内核支撑，只会显得生硬、刻板。粉丝艺术家壶提提发布的名为《瑶山古寨的母系文化：愿女性告别被"戏谑"》的短视频，在抖音和小红书平台都获得了很高的点赞量。该作品以"故事叙述＋风俗介绍"的手法，描述了一个因青春期的发育被旁人羞辱身材的女孩在一位女性老者的带领下进入贵州瑶山古寨的故事。壶提提身着瑶族传统女性服饰，介绍瑶山古寨人对女性身体特征的尊重以及对女性孕育生命的敬畏与崇拜。区别于"爽文"反转般的剧情，壶提提将少数民族优秀传统文化与女性价值巧妙地融为一体，自然而然地传达出"身为妇女，我们不必为身体的任何一处感到羞耻"的价值观，实现了文化与价值观传递的一箭双雕。

习近平在中国共产党第二十次全国代表大会上强调，"传承中华优秀传统文化，满足人民日益增长的精神文化需求"。国风变装短视频的火热与成功，为传统文化在网络赛博空间中更高效地传播、传承提供了优秀的范例与启示，这种以"轻娱"承载厚重传统的方式符合当下的网络传播语境，适合作为网络冲浪主力军的"Z世代"。创作国风变装短视频，可以从以下三方面入手。

---

① 陈铮．传统文化在当代短视频中的传承策略研究：以抖音朱铁雄国风变装短视频为例 [J]．新闻文化建设，2022（24）：24-26.

　　首先，以多模态呈现内容，使传统文化的表现空间更宽阔。以粉丝艺术家垫底辣孩的"中国十大国粹"系列短视频为例，他将文字、画面、音效、特效等结合为一体（包括听觉、视觉等模态），使要展现的国风内容与意境的空间更加宽阔，体现出表达的张弛有度。比如，在其"茶道"主题视频中，如中国古代画卷般展开的茶道科普画面是主要的表意模态。在这段表演中，整个画面颜色接近古代黄麻纸，并以横向的运镜展开，垫底辣孩身着传统靛蓝色文士汉服，以活泼的动作和轻松的配乐展示茶道的流程，布景有茶台、文竹、古典画作、假山等，庄重的女声为简短科普茶道的背景乐。多种模态的结合使该视频的前半段简直像一幅徐徐展开的画卷。该视频前半段对轻松与严肃的拿捏十分到位，在无形中将青年的朝气、创造力与传统文化的厚重呈现出来，这是视频第一处精彩的张弛。该视频的后半段回归垫底辣孩的拿手绝活——变装，身着唐装、俊秀的中国青年，茶台之景与仙鹤飞翔的相映成趣，光影与意境的完美配合，构成了这一代年轻人对新中式风格的生动诠释。

　　其次，以 PUGC（professional generated content+user generated content，即专业用户生产内容）模式生成内容，使场景体验与专业化叙事多元互补。PUGC 模式被认为是 UGC（用户生成内容）和 PGC（professional generated content，指专业生产内容）的结合。前者为个人用户提供发表内容的渠道，容易培养用户对短视频的共鸣感与依赖性；后者强调专业人士生产内容，是高品质、专业性的保障。PUGC 模式可以成功地将两者结合起来，在一定程度上提升了短视频平台内容的品质和商业价值。[1] 传统文化起初在短视频平台上的传播以 UGC 模式为主，具有草根性和普适性；随着越来越多商业资本的介入和行业内部竞争越来越激烈，具有专业性、严谨性的 PGC 模式在短视频平台上展现了更为优质的内容。[2] 以

①　储文韬 . 短视频行业用户内容生产专业化（PUGC）模式探究 [J]. 淮南师范学院学报，2019，21（6）：38-42.
②　郑洁 . 梨视频内容生产的 PUGC 模式及启示 [J]. 传媒，2021（9）：57-59.

粉丝艺术家朱铁雄的作品为例,这两种模式的相辅相成是其成功的关键。从创作主体来看,相较于主流媒体和专事生产的影视企业,朱铁雄是非专业化的个人;但从视频内容和特效场景来看,朱铁雄背后有一批有着优秀创意和编采技艺的专业人士组成的团队。[①] 在《她忘了我的模样,却牢记了我的念想》中,不仅有最后脚踩风火轮、手拿乾坤圈、身穿莲花甲、酷炫的哪吒变身,也讲述了一个关于母爱的完整故事。正因为"母爱"的立意,似乎每个人都能从中找到共鸣点:有人感叹岁月飞逝,父母渐渐老去;有人哀叹父母患病,而自己无力回天;有人追悔自己孝心未尽,而至亲已逝;有人站在亲历或科学的角度,告诉人们当阿尔茨海默病降临身边时,该如何面对。在情感和技术的共同作用下,朱铁雄的国风短视频通过场景氛围的营造和专业化的叙事表达,使大众在观看、分享与互动中产生沉浸式体验,对传统文化内容产生身份代入感与认同感,这正是粉丝艺术家朱铁雄的成功所在,也是当前传统文化传承模式的缺口所在。

最后,还可以从多维度阐释国风,使视频意境与内核呈现得更加完整、饱满。就目前来看,国风国潮类粉丝艺术家在短视频领域内的内容生产虽然已经体现出向深度、非浅层化方向发展的良好态势,但总体来说对传统文化的阐释还不够立体,所以从多维度来表现国风,也许是使作品完成质的飞跃的一个关键突破口。这方面可以参考央视节目《典籍里的中国》的展演形式。《典籍里的中国》没有以严肃的次序介绍典籍的结构和价值,而是依托舞台设计和现代技术打造穿越时空的对话,挖掘典籍背后的故事,让人们了解各名家的成长经历、思想形成和撰书缘起。人们从中看到的不只是先人的智慧,更是先人的精神和风骨。[②] 粉丝艺

---

① 陈铮. 传统文化在当代短视频中的传承策略研究:以抖音朱铁雄国风变装短视频为例 [J]. 新闻文化建设,2022(24):24-26.

② 陈铮. 传统文化在当代短视频中的传承策略研究:以抖音朱铁雄国风变装短视频为例 [J]. 新闻文化建设,2022(24):24-26.

术家可以借用这种模式，加强对传统文化的多维度阐释，让人们对国风的认识不再局限于国风仅是碎片化的音视符号，而让人们认识到国风是更加立体、全息的图景。

三、文化创客的专业化生产

（一）进入产业边界的文化创客

"创客"一词源于英文单词"maker"，指的是出于兴趣与爱好，努力把各种创意转变为现实的人。创客以用户创新为核心理念。国外的创客文化最早发端于设计制造领域，已发展得如火如荼，进入许多国家政府的关注视野。"文化创客"的系统定义是 2015 年第十一届中国（深圳）国际文化产业博览交易会期间提出的。研究者将"创客文化"与"创意产业"结合，提出"文化创客"的定义：在文化创意产业生态圈中从业，具有好幻想、爱折腾、有激情等特质，善于通过灵活运用时下流行的思维方式、技术手段和本身拥有的专业技能，把自己的创意设想变为文创成果的个人或团队。研究者将文化创客分为内容生产者、创意实现者、产品营销者和跨界融合者四大类和十二个子类。

1. 文化创客是谁——一个软边界的概念与融合的身份

从内涵上看，虽然"文化创客"的概念将创客的关注重心从最初的设计制造领域迁移、扩展到更广阔、更柔性的文化生产领域，但是文化创客和创客的本质精神与文化特质是一脉相承的，文化创客的核心精神内涵依然是 DIY（do it yourself，即自己动手制作）精神与反消费主义背景下的个性化表达和创造性生产。与传统的创业者不同，文化创客更强调兴趣爱好的自我表达；与大规模标准化的传统生产方式不同，文化创客更强调个性化定制；与崇尚一次性消耗的消费主义不同，文化创客更强调对现有资源的再生产与创造性使用。

从外延上看，文化创客是多种身份的融合，是一个开放的、流动的、软边界的概念。文化创客不仅包括那些科班出身、经过系统训练的专业从业者，还包括那些自学成才、充满狂热激情的业余爱好者，不仅指称那些按照行业标准进行分类的传统文创职业，也包括各种正在诞生且不断刷新的新兴创意职业，不仅指文化产业生产链条中上游环节的生产组织，也囊括了下游环节的消费群体。

2.文化创客在哪里——一个富有创造弹性的虚拟活动场域

目前的大量研究关注创客空间（众创空间）的生成与建构。在现实时空中，文化创客的核心群体也多在此类空间中聚合。另外，文化创客还有一个突破了时空界限、更富有创造弹性的活动场域，那就是以社会化媒体、网络社群和电商平台等为代表的虚拟空间。在这些虚拟空间中，文化创客寄居、集聚，形成了新的组织形态、生产方式以及盈利模式。

（1）社会化媒体：以现阶段的短视频、社交网络、内容社区（如视频网站、问答社区等）、微信公众平台等为典型代表。其平民化、个性化、低门槛、易操作、交互性强、传播快等优势，使其成为大众进行内容生产、创意表达与信息传播的重要平台与工具，也成为文化创客的重要生存空间。

从早期论坛版主到后来的著名博客，从新浪微博的草根达人到如今的各种热门微信公众号，从草根播客到各种网红直播视频博主，从豆瓣小组、百度贴吧等兴趣群体到知乎等真实问答社区，普通人的表达欲望得到激发。在这一场全民参与生产与表达的信息浪潮中，能够脱颖而出、形成关注潮流的，如自媒体达人，可以被看作在社会化媒体空间中，将自身的专业技能与时下流行的思维方式、技术手段进行结合，进行创造性生产的案例。从这个意义上来看，他们就是成功的文化创客。

（2）网络社群。在互联网中，活跃着一类以兴趣为线索而聚集的微型创作团体。这种小规模的生产组织少则由三五人组成，多则由数十人集结而成。他们以工作室或创作团队的名义（他们通常会取一个响亮的团队名字，并创造出口号、LOGO等标志性的识别系统），选择某些喜爱的媒介文本主题,运用擅长的媒介表现方式,进行衍生文本的集体创造。这种创作团体一般根据成员的能力倾向与技术特长有侧重的创作方向,如发挥声音优势的配音团队,基于媒介操作能力的 P 图、影视剪辑、动画创作、游戏视频制作、游戏程序开发的技术团队,利用外语优势的海外剧字幕组,由文学爱好者组成的小说改编团队,发挥美术能力的手绘组织,热爱动手的手工团体,热爱用身体形象进行角色扮演体验的cospaly 社团等,也有规模较大的综合性创作团队。这些活跃于虚拟社群空间的微型创作团体,也呈现出文化创客的典型特征。

以创意配音团队淮秀帮为例,成立于 2010 年的淮秀帮对《新白娘子传奇》《还珠格格》等影视剧视频进行剪辑,用酷似原演员配音的声音,道出另类搞笑的台词,将原影视画面解说成一个个啼笑皆非的恶搞故事。其作品中展现出来的配音与视频制作的专业性,引起了专业媒体的关注。其逐渐开始专业化、商业化发展。这是在开放的播客时代里,草根凭借自身的才华与创意,得到社会的认同,从而使社会各方主动为其提供资源、搭建链条,成功地规模化、商业化运作的一个例子。

(3)电商平台。如果说活跃于社交媒体上的文化创客充分借力自媒体的传播优势,先建立个人的媒体门户与传播品牌,再寻找其商业化价值,以兴趣社群为代表的微型生产团体更多地停留在亚文化领域的交流与分享,其专业化提升与产业化延伸尚存在很大空间,那么活跃于电商平台的文化创客则将自己的个性化文创成果直接转化为商业利益,是能体现创业精神的创客群体。

以国内著名的网购零售平台淘宝网为例,因开放的运营理念以及较低的准入门槛,淘宝网为当下的个体化、小众化的文化创客群体提供了展示与销售的渠道,例如,那些尚未形成品牌、投入大规模商业生产的个人原创设计(如服装、饰品、杂货等),满足各类个性化需求的定制商品与服务,一些原生态农产品,局限于地域范围的传统手工艺,等等。这些原创性较强的淘宝卖家往往从店铺风格、文案呈现、图片拍摄、产品设计等方面，自觉或不自觉地、专业或非专业地用文化元素来包装产品与品牌，注重特色与风格的打造，甚至有许多此类卖家本身有着设计、摄影、美工、广告、文学等专业背景。时至今日，淘宝店铺的装修设计师、产品文案策划人、产品摄影师等已经发展为一批新兴的淘宝职业。在淘宝的热门搜索词语与流行风尚中，文艺、复古、民族等标签已经成为一种消费与审美潮流。这一股潮流抛开各大小商家的跟风，其核心应该是前述这一类原创卖家用文化元素设计商业品牌，再反过来用商业驱动文化表达。

3. 文化创客做什么——全产业链参与与跨界融合

随着网络应用的重心由读走向写，网民从被动的信息接收者变成了更为主动的信息生产者、分享者与传播者，一种全新的媒介文化样式参与式文化应运而生。[1] 马克·波斯特在《第二媒介时代》一书中说："技术正在打破那种以少对多的交流观念。有些交流者总是比其他人更有权力，但是网络故事背后隐藏着这样一个重要观念，即人们首次能够实现多人对多人的交谈。对于那些能够买得起电脑设备并付得起电话账单的人来说，他们每天都能既做自己的制作人和经纪人，又做自己的剪辑和受众。"[2] 新媒体空间中的文化创客可以说正是这种参与式文化的重要参与者、核心实践者。

（1）内容生产：人人都是生产者。内容生产可谓文化产业的上游环节、创意源头，向来由专业的生产者与生产组织垄断。在传统封闭的媒体环境中，内容生产属于专业准入门槛较高，传播渠道亦较为垄断的行当。而在开放的媒介环境中，大卫·赫斯蒙德夫（David Hesmondhalgh）借用了威廉斯的"符号创作者（symbolic creators）"一词，用它代替艺术家，用符号创意（symbolic creativity）代替艺术——这种称谓也许更准确

---

① 周荣庭，管华骥. 参与式文化：一种全新的媒介文化样式 [J]. 新闻爱好者，2010（12）：16-17.

② 波斯特. 第二媒介时代 [M]. 范静哗，译. 南京：南京大学出版社，2005：49-50.

地囊括了今日的科技与文化背景下，那些积极地、自发地诠释、编译或改写故事、歌曲等的人。① 传统的艺术家形象被刷新，创意阶层的边界也在延伸，创造的门槛越来越低。只要愿意，人人都可以是艺术家，人人都可以是生产者。也就是说，大众成为创造主体，并拥有呈现与表达创造力的舞台。这就意味着普通人的创造力有机会被纳入产业与经济运作、社会与文化发展的视野。

从早期 BBS 论坛中兴起的网络写手到今日微信、微博平台上的情感作家，内容生产的一个核心部分，即原创故事的生产与讲述，已经成为普通人积极参与并频频创造奇迹的重要领域。

（2）创意实现：创意是衍生与再创造。创意实现者指把上述内容生产者生产的创意内容依托一定的专业技能变为作品、产品的个人或团队。由于各种媒体技术（如信息检索、计算机图形图像处理、影像采摄、音乐录制、视频编辑与特效、3D 打印技术等）的日益简单化与平民化，整个新媒体空间的文化消费呈现出一种生产性消费倾向，即消费者喜欢围绕一个流行的媒介故事文本进行发散性的衍生创作。这种生产性消费浪潮为文创领域的创意实现提供了广泛的群众基础与借鉴思路。许多热衷再生性利用的消费者、业余爱好者，因其极富创意的衍生作品，逐渐聚集了人气与关注，进入产业组织的视野与行列，渐渐成为专业的创意实现者。

（3）产品营销：双重身份的中介力量。在文创产业链中端的营销与传播环节，新媒体空间也意味着新的传播渠道。一是新媒体平台上的虚拟社群空间、消费者关系网络等提供了一个快速响应与高度互动的营销空间；二是大众成为主动的营销者，那些具有强烈表达、倾诉欲望与汇聚同好冲动的爱好者积极主动地投入产品的推荐、传播、扩散等二次营销活动中，在人际与大众层面都展示出强大的传播力。在这场企业与消费者的互动中，文化创客是一种兼具消费者与营销者双重身份的中介力

① 　赫斯蒙德大. 文化产业 [M]. 张菲娜，译. 北京：中国人民大学出版社，2007：5.

量：一方面，代表消费者，与产业对话；另一方面，作为营销者，主动参与营销推广，面向更多的潜在消费者展开传播。

例如，推广手作之美的"转转会"与传播生活、潮流、文艺的"一条视频"，在传播优质行业内容、代言消费者的同时，逐渐转向产业营销者与中介平台，为众多微小的行业从业者提供营销、传播机会以及商业化的渠道，自觉参与到一个产业的营销推广环节中来。

（4）跨界融合：1+1>2。跨界融合已经成为当下的一个热门词语与基本发展思路，如文创产业与各种传统产业的融合，"互联网+"与各种传统产业、文创产业的融合，产业链条上中下游的垂直整合，相关产业的横向整合。政策规划谈融合，产业布局谈融合，企业发展谈融合，个人创业亦谈融合，已经到了"无融合，不创新"的地步。

创新意味着一加一大于二，意味着打破传统的、固有的边界，产生跨界联系与重新整合。对于文化创客而言，他们找到一份工作，不如发明一份工作，将自身的爱好、特长与市场发展趋势、消费需求结合起来，就能在今日开放性的社会空间里，发明一份新的职业，发现新的生意，甚至发展一片尚未开发的绿洲。在"互联网+""文化+"的背景下，文化创客的核心行为就是跨界融合。行业之间的边界是软化的，创客的职业身份是流动的，比如，将电子竞技、体育解说、粉丝经济有机融合的电竞解说员可谓跨界融合的典型例子。

（二）文化创客的后现代创造力："小"的力量与逆向驱动

新媒体空间里，文化创客的实践活动充满了创造性与生命力，这种创造力从何而来？从外部动机与环境来看，新媒体技术、互联网思维、虚拟微型团队的组织方式、开放性资源平台与众包众筹模式等，都是催生与孵化文化创客的创造与生产行为的重要作用力。

第一，新媒体技术与互联网思维。新媒体技术作为激发文化创客创造力的外部环境因素，具有免费共享与自由表达特征，带来创造可能性。

这种创造可能性体现在个体创造与智慧叠加两个方面。在个体方面，创造不再是精英分子的专利，普通人也可以获得创造者的身份，草根力量与平民创造力得到激发与表达。在集体方面，免费共享为自由表达提供知识资源、智力源泉，自由表达又反馈出更多的免费共享资源，在这个良性循环中，个体的智慧得到叠加、整合与放大，形成更大的集体创造能量。同时，智慧叠加不仅仅指由知识、信息等资源共享带来的创造力驱动，更是由互动与交流行为带来的创造灵感与集体协作，即创造超越了个体行为，成为一种系统的、复杂的、融合性的社会文化现象。

在"（移动）互联网＋"、大数据、云计算等不断发展的背景下，互联网思维成为当下的一个热门词语，被不断地赋予新的含义与实践，成为产业组织对市场、用户、产品、企业价值链乃至整个商业生态进行重新审视的思维方式，也成为文化创客寻求创新与生存的基本思路。

第二，微型虚拟组织的后现代创造力。相较于传统空间组织的现实性、时空局限性、排外性等，依托虚拟社群空间存在的创客团体呈现出更开放、更灵活自由的组织特征与合作方式。这种创客团体具有彰显后现代组织精神的自主性创造力。[①] 虚拟媒介环境中的成员身份、组织结构、合作方式与发布渠道，使得这些微型组织与某种后现代的组织相呼应。后现代组织是一种在弹性和不稳定的无固定形态状态下形成的创造力组织。有别于现代主义时期的巨型垂直操控与线性创造的发展逻辑，这种由不同个别任务组成的混合多元的、动态弹性的、瞬息万变的非线性组织形成一张具有变通性与适应性、充满弹性与张力、无形而具有黏度的网，在突破与超越了组织，去除原组织的包袱后，提供了一个开阔的创造空间，创造思维、转变与突破的力量经由破坏而重建，得以再生。[②]

---

① 刘伸严. 微型流行视觉文化社群的自主创造性创造力 [J]. 艺术教育研究，2008（15）：1-32.

② 刘伸严. 微型流行视觉文化社群的自主创造性创造力 [J]. 艺术教育研究，2008（15）：1-32.

第三，开放性平台资源与众包众筹模式。开放性平台资源引发了诸多的个人发展可能性以及社会发展可能性。新兴的媒体形态改变了传统的信息生产与传播方式，也改变了宏观社会的互动对话与资源整合方式。

时下流行的众包、众筹、众创等模式正是文化创客进行资源整合的重要方式。新媒体空间成为创新的孵化场，激发了网络上的集体智慧与合作创造力。人们只需埋头把喜欢的事情做好，做到足够的高度与能见度，就会被别人看到，就会得到更多的社会资源。究其根本，这种成功在于通过自我披露获得人际信任，以及将关系网络转化为社会资本。

其一，通过自我披露获得人际信任。博客、微博等自媒体既有别于面目模糊、内容单一和反馈迟钝的大众新闻媒体，也不同于早期的网络传播手段的匿名性，激活了更多充满社会线索的人际传播对话。其二，将关系网络转化为社会资本。博客、微博等自媒体实现了一对一的互动。从人际传播的角度看，互动与对话能够建立、维持与发展人际关系，形成一个充满弱链接可能性的社会网络。[1] 这种关系网络在一定时候能转化为文化创客的社会资本。

我国文化产业发展中一个亟待解决的瓶颈问题是，创意有很多，但是无法落地，无法付诸实践，文化产业的轻资产特性又使得这一问题更加凸显。在这样的发展形势下，文化创客给这些飘在空中的创意打开了一个落地的突破口。文化创客的层创行为虽微而众，聚溪成流，无数微观的能量汇聚，可成为宏观政策、产业规划与微观市场、个性消费之间的桥梁。

1. "小"的力量：沟通产业与消费者的开放性创造系统

在新媒体技术与体验经济的双重影响下，创意产业的题中之义包含一个软边界的创意空间，强调一种开放性的创造系统。这里的软边界

---

① 彭兰. 中国新媒体传播学研究前沿 [M]. 北京：中国人民大学出版社，2010：44.

与开放性主要体现在对以下两个方面的重视：其一，消费者协同创作及用户引导的创新，① 即把消费当作行动而非行为，将其视为创意产业链的组成部分而不是终点，并关注自消费环节逆流而上的创意流动；其二，业余爱好者与非主流空间的创意生产（在工业和政府之外的第三空间），② 即将非主流的创造性活动纳入创意产业的范畴，承认普通草根个体的创造力、亚文化群体的集体智慧等为社会经济的发展提供的可能性。

文化创客是新媒体技术能手，是典型的生产性消费者，是草根化的个体创造者，是新兴的创业者，创客群体是个性化的文化社群，这就使得文化创客在软边界的创意空间与开放性的创造系统中获得了相应的位置与身份。

在庞大的产业结构与高度发达的商业文化面前，文化创客犹如面对大象的小老鼠。他们的个性与创意、社群与行动在产业文化这头大象眼中，也许是小老鼠的把戏，但是大象必须关注小老鼠，因为这些文化创客小老鼠具有聚少成多的、不可估量的、化腐朽为神奇的、能够促进彼此沟通的创造力。

2.逆向驱动：参与式生产网络与文化产业组织的结构重组

参与是一个双重过程，包括媒介组织驱动的由上而下的进程和消费者驱动的由下而上的进程。在此过程中，一方面，媒体组织与商业机构致力将内容流、信息流向更广泛的传播渠道扩张，从而产生更多的获利来源；另一方面，受众与消费者在各种新兴的互动媒体技术的支撑下，积极争取参与权，以便更好地掌控内容流，并发出自己的声音。这两股力量互相强化影响，创造出了界限日益模糊但更紧密、互利的生产与消费的关系——碎片化的受众与消费者可以被看作离散形态的生产节点，

① 哈特利. 创意产业读本 [M]. 曹书乐，包建女，李慧，译. 北京：清华大学出版社，2007：15.

② 哈特利. 创意产业读本 [M]. 曹书乐，包建女，李慧，译. 北京：清华大学出版社，2007：44.

他们之间的互动联系以及他们与专业化的产业生产体系的交叉渗透构成了一个充满流动性的参与式生产网络。①

创客生产者正是参与式生产网络中的一股生力军，是其中自下而上的驱动力量的典型代表。在参与式生产网络中，创客的创造能量与产业的资本力量结合，创客在能轻易获取素材与资源的情况下，成为具备甄选和辨识能力的主动开发者。他们的创造性劳动在被证明受到市场欢迎后，商业资本与产业力量自发地为他们搭建产业链条，至少有形成产业链条的可能。于是，创客由爱好消费者转变成梦想生产者，创客的自助创作社群成为产业的生产组织单元，在不知不觉中改变着文化产业的组织结构与形态。

在一定程度上，文化创客在微观层面的文创行为是对宏观视野中文化再生产的一种呼应与同构。

在文化与经济全球化的时代，文化的交流与传播在很大程度上成为文化产品的贸易与消费，文化的传承与发展在很大程度上成为产业意义上的文化再生产，文化资源在向消费符号、文化资本转化过程中，获得更大的能见度与更蓬勃的生命力。在这场文化通过消费与产业而生存的角逐中，中国要将丰富的传统文化遗产转化为符号资本，将文化及符号价值与经济价值联结起来，从中国制造走向中国创造，成为国际范围内的潮流领导者或者趋势设定者。中国可将自己定位为"自我创造的国家"②，即提倡创造性参与，提倡开放性的文化观，使人们可以通过自我表达和创意制作来追求机会，从而促进文化再生产，促进本土文化与世界潮流的对话。从这个设定出发，再来回顾文化创客的创造行为可知，那些蕴含在千千万万文化创客的创业梦想中的想象力与创意能量，正在

---

① 王斌. 从多元主体到参与式网络：媒介生产的空间扩散 [J]. 新闻大学，2011（2）：89-93.

② 哈特利. 创意产业读本 [M]. 曹书乐，包建女，李慧，译. 北京：清华大学出版社，2007：40.

驱动一场使文化资源向文化资本、生产资料、消费符号转化的具体实践。在这个意义上，研究与发展文化创客群体的更深层次价值，就要进一步强化其进行文化传承与再生产的自觉意识，深化其创意公民的身份，将他们的产业生产力转化、提升、凝练为文化创造力。

第九章 下篇案例解析

案例一：国风趣缘群体的融合文化实践——以自得琴社和中国"装束复原"小组为例

趣缘群体是指人们因兴趣爱好相同而结成的社会群体；是指一群对某一特定的人、事或者物有持续兴趣爱好的人，是主要通过网络进行信息交流、情感分享和身份认同而构建的趣缘共同体。当前，网络趣缘群体由于媒介的赋权、兴趣的驱动，显现出与"文化工业"不同的群体智慧。"互联网上没有人知道所有的东西，但每个人都知道一些东西。人们为了共同的目标而汇聚在一起，组成一种以自愿、临时、策略性的从属关系为标志的新型社群，合作生产和交换知识。"[①] 网络趣缘群体集结个体的创造力，在群体扁平化、非线性、非资本驱动的生产环境中，正逐步显现可以反哺文化产业的生产能力。国风趣缘群体可以概括为以青少年为主体，立足于悠久的中华传统文化，将传统文化元素与现代艺术进行结合，进行文化消费、传播、再生产的文化趣缘群体。

---

① 杨玲.媒介、受众与权力：詹金斯的"融合文化"理论[J].山西大学学报（哲学社会科学版），2011，34（4）：64-70.

一、国风趣缘群体的"块茎"组织特征与创造性

当前，国风趣缘群体呈现出与饭圈不同的行为特征与组织特点，以及和文化产业内专业的生产组织截然不同的行为特点，可以用德勒兹所说的"块茎"组织来形容。德勒兹用"块茎"来描述非中心化的状态，块茎是随意的、不受约束的，通过不受限制的路径和其他模块相连，构造的是一种无边际、无层级的开放式范围而非封闭的区域。国风趣缘群体具有青年亚文化的块茎式特点，在传播上，具有任意联结性，在新媒体平台上以国风为纽带相联系，而无关亲缘、地缘。人们在各大互联网平台都能窥见国风趣缘群体的活动。例如，以贴吧为活动空间的早期汉服、古风音乐爱好者基于同样的爱好与价值观聚集在同一空间，超越了现实生活中固定的活动范围。在当下的 B 站、微博等平台上，其任意联结性有更明显的表现，一个汉服爱好者也可能会是古风音乐爱好者，并在众多与国风相关的内容中游走，例如，同时关注汉服妆造与国风舞蹈。他们的活动空间、消费的内容都具有随意性、自由性。同时，国风趣缘群体的文化具有多元性，并非传统的亚文化。国风文化更像是融传统文化、二次元、现代消费文化为一体的被构建的融合文化。在 B 站中，有关国风的内容散布在"动漫""舞蹈""纪录片"等多个标签中。

国风趣缘群体这种茎块式的组织与饭圈"蜂群式"[①] 的组织相区别。两者最大的不同是饭圈中的群体具有固定的崇拜对象，其活动围绕着神化的崇拜展开，这种像保护蜂后一样的行为逻辑让饭圈中的个人具有一呼百应的行动力。这种行动力是双刃剑，在未受攻击的情况下，其正向的作用非常明显，如自发地宣传推广，但当中心受到破坏时，其就表现出很强的排外性和攻击力，有时这种负面影响甚至蔓延到群体外，对

① 喻国明，石韦颖，季晓旭. 网络时代粉丝群的形成与衍化机制初探：以自组织理论为视角的分析 [J]. 青年记者，2019（13）：37-40.

网络与现实秩序造成冲击。同时，饭圈具有明显的等级特征，根据群体成员付出时间、金钱、精力的多少和能否与偶像接触来划分群体内的等级。

茎块式的群体并非封闭的，而是不断移动、联结的，相比饭圈，具有更强的包容性，很少出现指向性明确的攻击。国风趣缘群体并不对特定的人进行神化的崇拜，群体的等级分化也不明显。国风趣缘群体的凝聚力来自成员对国风文化的喜爱。这样扁平、和谐的群体模式为国风文化的生成提供了土壤。

国风趣缘群体囊括汉服、古风音乐等多个亚文化的趣缘群体，各趣缘群体呈现融合的趋势，参与者不满足于只在唯一的圈中活动，而游走于各个有交集的网络趣缘群体中。随着参与者文化自信与主体意识不断增强，国风文化破圈。国风趣缘群体中的部分参与者不再停留于单纯地消费文化，而是能够发挥其创造力，反哺文化生产。例如，自得琴社、中国装束复原小组等作为国风趣缘群体中具有代表性的群体，自发生产国风音乐、汉服，并获得官方媒体认可，不断登上主流媒体平台，掀起国风热。自得琴社参与 2021 年央视中秋晚会；中国装束复原小组受邀参与中日韩传统服饰展演，得到外交部高度认可。

当前，对国风文化的研究多数与影视作品相关，并且重点关注静态的专业生产，而忽略了作为主体的国风爱好者的动态参与实践，忽略了主体对传统文化传播的贡献。对国风趣缘群体的考察应该从文化生成与传承的角度出发，将其放在宏观文化生态和多元场域中进行研究。

二、两种融合文化实践路径：以自得琴社与中国装束复原小组为例

融合文化理论由美国学者亨利·詹金斯提出，其本质是一种参与式文化。① 将"融合文化"的概念放在中国互联网场域中，它主要指的是受

---

① JENKINS H. Convergence? I Diverge[J].*Technology Review*，2001，104（5）：93.

众经由媒介赋权而自行利用网络技术并利用群体智慧融合亚文化和其他多种文化的一种新型文化。将传统文化和亚文化进行融合，进而呈现出以传统文化为内核、以亚文化为表征的国风文化。在国风趣缘群体内部，这种融合是产消者身份边界的消弭，原本作为消费者的爱好者利用新媒体技术与自身半专业的知识，通过群体动力加持，促进创意向生产力转化，以半专业生产者的身份嵌入文化产业的一环，为创新传统文化提供新的实践路径。

（一）自得琴社：由亚文化回归亚文化

自得琴社是由爱好中国古典音乐与乐器的青年于 2014 年自发成立的一支青年国风乐团，当前已在 B 站和微博积累大量的粉丝。作为国风乐团，自得琴社常用现代音乐和中国传统音乐相结合的演奏方法，结合二次元、网络热梗、汉服等元素，营造与众不同的视频效果，形成独特的艺术审美风格。

1.对中外经典曲目的拼贴戏仿

拼贴戏仿是一种具有后现代性的手法，创作者将来自不同文本的元素打乱、重组，对联系弱甚至无联系的片段进行重构，得到一种蒙太奇、无厘头的艺术效果。例如，自得琴社常在视频中用中国传统乐器演奏外国乐曲，如在以《斗琴神曲〈野蜂飞舞〉上演另类爱恨情仇》为题的视频中用琵琶、笛子等演绎俄罗斯经典曲目《野蜂飞舞》，但身着复原唐制的襦裙等，在视觉上呈现的是传统汉式风格，而在听觉上呈现的是西洋音乐的旋律，表现出"汉洋折中"式的拼贴感。

2.对传统音乐与现代音乐的仿古式再现

怀旧是对过去事物、人或者环境的一种苦乐交织的渴望，是一种怀旧的、怀想的情绪。① 国风文化在一定程度上是对古代衣着、生活方式、

---

① 洪学婷，黄震方，陈晓艳，等 . 场所叙事视角下乡愁的多维解构与影响机理：基于新民谣歌词与评论的分析 [J]. 地理科学，2021，41（1）：55-63.

环境的怀旧式想象。在怀旧情绪的驱使下，人们开始不自觉地想象、模仿古人。

自得琴社运用当代的媒介手段，在视听感官上体现怀古的想象。自得琴社对中国经典音乐的再现，在画面呈现上，最突出的特点是淡黄色如宣纸一般的背景，还有水墨画一样的布景和特效。声音作为一种伴随性的媒介，对人感官的调动是有限的，自得琴社将《梅花三弄》《渔舟唱晚》等经典音乐转变为水墨画式的动态画面，使观众在观看视频时可以更加深入地体会经典音乐的情感。这些视频中呈现的画面是创作者基于音乐风格和演奏内容的仿古式想象。自得琴社复原式的音乐呈现不局限于经典中国传统音乐上，也将现代流行乐用复原式的风格展现出来。例如，作品《醉成都》将川剧滚灯融入视频，用古筝、竹笛、巫毒鼓等乐器，加上 Rap 的表现形式，尽管是流行音乐，但配以古画的风格呈现。

3. 从亚文化到亚文化的价值创造

自得琴社对古典音乐的改编和创新是一种从亚文化到亚文化的回归。从其组织构成来说，最初的自得琴社成员是古风音乐爱好者，而非专业的生产者，具有亚文化的草根性。自得琴社在内容改编的方式上，将古风音乐与二次元文化、汉服文化等多种亚文化结合，并且将古风音乐传播渠道定位在以亚文化风格为主的 B 站，其作品呈现也回归亚文化，并且体现了古典艺术和亚文化相结合的新风格。在传播传统音乐的过程中，他们并没有对传统音乐做出传统的解读——依照主流文化形式对音乐进行演奏。自得琴社的创作者更希望通过贴近当代审美的方式进行传统音乐传播。从亚文化到亚文化，形成了新的价值创造。以亚文化为外壳、以传统文化为内涵的传统音乐呈现方式为传统文化提供了时代价值，更加贴近青年群体能接受的传播方式，让亚文化超越亚文化。

（二）中国装束复原小组：由亚文化转向主流文化

中国装束复原小组是由汉服爱好者自发组织集结的国内独家专业复

原古代服饰与传统乐舞、研究历代舆服制度的团体。中国装束复原小组成立以来，对200多套汉服进行复原，并先后出版相关专著，成为中国古典服饰领域的专业团体。该团体由喜爱中国传统服饰的半专业爱好者组成，先后通过考据的手段将五代至宋代的服饰在形制、纹样、色彩、材质等方面全方位还原。

1.严肃化的复原目的

不论拼贴与戏仿，还是仿古式再现，国风趣缘群体的文化本源都来自中国传统文化。国风趣缘群体的初心是以亚文化的风格来传播传统文化。不同于伯明翰学派提出的亚文化"抵抗"的特点与行为，国风文化虽然融合亚文化的表达方式，但寻求的是与主流文化的和鸣。在中国语境下，亚文化和中国传统文化的结合淡化了亚文化的对抗性，唤起趣缘群体共同参与创造的是对民族身份与文化自信的向往，即利用国风文化来寻求身份认同。

汉服是当下青年群体寻求身份认同的符号之一。由于经历过"剃发易服"，汉服有过长时间的文化断裂。在现代化生活中，尤其是在凸显国别的场合下，对民族服饰缺失的失落感引发人们对文化身份认同的迫切需求。中国装束复原小组希望从理论视角弥补汉服断代的遗憾，同时为构建完整的汉族服饰体系做出学理性探究，向主流文化寻求汉服的合法性地位。

2.考据化的复原手段

当前汉服活动中存在两种倾向，一是以复原为目的的复原派，二是改良派。中国装束复原小祖通过考据的手段进行服饰的复原。这样的倾向使其具有本质主义的追求，即"追溯历史至上古，既重视汉服的起源正统性及历史悠久性，又重视其作为汉族之文化的纯粹性、原生态和本真性，还坚持认为汉服和汉族的文化属性之间有一种本质的关联"①。中

---

① 周星.本质主义的汉服言说和建构主义的文化实践：汉服运动的诉求、收获及瓶颈[J].民俗研究，2014（3）：130-144.

国装束复原小组通过对古画的研究，对传统服饰的形制、配色进行复原，同时对服饰的材质进行还原，对照相关文献，采用天然的染料染制布料，还通过墓志铭、史书进行多方求证的考据，分别对五代至宋代初期的多个形制的服饰、妆容、发饰、发型进行复原。国风趣缘群体进行的考据区别于史学家进行的权威式考据。他们用严肃的汉服复原活动影响了汉服市场中的流行趋势，使"汉服复原款"流行起来。虽然考据的本质目的是减少现代商业审美对传统汉服的影响，但是以中国装束复原小组为代表的复原派呈现出和商业力量互相作用的非对抗式发展。

3.主流化的作品呈现

考据和还原并不是将汉服作为束之高阁的文物重新放回博物馆。如果说汉服改良派寻求的是"把汉服作为一种文化符号，借助消费完成对传统文化与现代文化的整合"①，即将汉服与当代生活结合，对其进行建构性的运用，那么以中国装束复原小组为代表的复原派则通过对复原的汉服进行主流化运用，将汉服活化。自得琴社作品最终的呈现形式是亚文化创意性融合，保留了其个性化戏谑风格的同时，举办跨界、沉浸式音乐会等，利用新潮的演出形式来完成市场化。而中国装束复原小组则将复原成果整合为《汉晋衣裳》《中国妆束》等著作出版，同时积极寻求与影视产业和主流媒体合作，例如，为《妖猫传》《长安十二时辰》等影视作品进行服饰指导，参加中日韩传统服饰展演。他们积极地利用主流传播手段，嵌入文化生产环节，以半专业的产消者身份反哺文化产业。

4.从亚文化到主流文化的融合发展

作为爱好者小组而成立的中国装束复原小组，与自得琴社一样具备草根性。但从文化产品最后的呈现形式和渠道来看，中国装束复原小组更加重视主流文化和大众的认可，其实践模式更加保守，其风格化的东西被弱化，其强调的是与主流文化的和鸣。相较于自得琴社，中国装束复原小组更好地嵌入文化生产环节，拥有了半专业生产者身份，同时由

---

① 　高雅．汉服复兴运动的审美与实践问题研究[D].南京：南京大学，2019.

于与主流文化的距离更近，对传统文化尺度的衡量更加适合大范围传播，呈现出从亚文化到主流文化转型的趋势。

三、指向趣缘共同体：融合文化实践的困境与突破

首先，无限挪用带来版权问题。以自得琴社为代表的国风趣缘群体的实践中存在对经典文本和流行文本未经授权的挪用。一方面，由于版权溯源的困难，国风趣缘群体选择的文本是被改编数次的，不经授权就挪用似乎已是约定俗成的；另一方面，对传统经典文本的亚文化式的改编还存在着尺度的问题，作品中可能包含许多时下流行的"梗""二次元"等元素，国风趣缘群体的作品面向年轻受众时，会被欣然接受，但面对更广泛的受众，尤其是不了解亚文化风格的人，对严肃作品的改编却不容易被接受，甚至在改编尺度问题上，把关不到位可能会造成对原作品的误读或曲解。

其次，业余生产缺乏隽永的力量。国风趣缘群体实践的产物多存于网络平台。国风趣缘群体为了使作品广泛传播，获得较高点击量，往往会造成流量至上的错误导向，热度只存在于一时，真正能够留存下来的经典作品罕有。同时，由于国风趣缘群体是半专业化、自发组成的趣缘群体，其管理和生产能力不能完全等同于专业文化生产群体的管理和生产能力。国风趣缘群体的实践出于本身的兴趣，因而带有个人倾向，其作品的内容也会掺杂个人的审美风格，强烈的娱乐性会消解传统文化中部分凝练的意义。国风趣缘群体的实践动力为传统文化创新性发展提供的实践方式，但是如果过度收编和固化实践模式，就会使自发性生产变得和文化产业的流水线生产无区别，若完全不加引导和限制地任其发展，则会挫伤传统文化的深远内涵。

同时，国风趣缘群体是以国风文化为纽带，以兴趣为驱动力而构成的群体，其扁平化、茎块化的组织模式为其提供了强大的生命力，由群体激发的生产力使其始终运动与扩展。国风趣缘群体像是对传统文化乃

至生活方式的想象的共同体。出于共同的中华文化背景以及对传统文化的向往，他们将个人价值观与审美统合，运用各自的能力将传统文化创造性、创新性传承，形成独属于青年群体的文化传播实践方式。

国风趣缘群体为文化产业的发展提供了新路径，将群体创造力转化为群体生产力。趣缘共同体意味着扁平化、有机运动的整体，它们具备一定的专业知识与技能、强大的群体组织能力，但并未被商业力量收编，这种后现代创造力成为自上而下驱动文化生产的动力，不仅展现了趣缘群体中个人的媒介素养，还提供了国风趣缘群体反哺文化产业的可能性。[①] 趣缘共同体源源不断的群体动力将促进文化产业持续发展。趣缘共同体因其个性化的倾向，也可有效减少文化产业流水线产品的出现，给受众带来真正多元化的文化产品。

案例二："当代汉服"的符号创新与景观生成——基于对"汉洋折衷（中）bot"的考察

汉服不仅是指汉族独有的服装，广义上还包括鞋履、配饰等整个穿着体系。历史意义以及学术意义上的汉服通常指黄帝时期出现，自汉代根据四书五经形成完备的衣冠体系时起，到清代"剃发易服"为止的完整上衣下裳体系。《后汉书·舆服制》记载汉服"始于黄帝，备于尧舜"。传统汉服往往与礼仪制度相关，汉族服饰体系被划为礼乐制度的重要组成部分。历史意义上的汉服有严密的着装体系，不仅具有汉族日常生活服饰的功能，也是礼乐制度的一部分。但在清代汉族服饰体系受到清军入关后的"剃发易服"政策的打击，当时的汉族男子皆剃发梳辫子，穿着长袍马褂，女性则着旗服，由此，汉服的上衣下裳体系受到重大打击。近现代以来，在经历了多民族场景下的失落感后，随着文化自信的话语

---

① 　陈彧.从文本再生产到文化再生产：新媒体粉丝的后现代创造力 [J].学术论坛，2014，37（2）：129–132.

兴起以及传统文化的复兴和推广，越来越多的汉服复兴者开始关注"汉服"这一概念，并且力图在服饰体系上和文化意义上对汉服进行复兴。

尽管在当代汉服运动中有"本质主义"①倾向的一面，并且有本质主义倾向的汉服复兴派力图通过考据再现完整的汉服体系，在这一层面上，汉服的确被"还原"；但不能忽视的现实是，汉服在历史阶段中的确存在"失落"的状态，并且本质主义下的汉服复兴难免受到史料缺失、当代消费文化等因素的影响，加之将汉服放置在现代化语境中来看，其礼乐、祭祀功能很显然不再适用于当下，所以当代汉服和传统观念上的汉服不能完全等同。

当代汉服在功能上是对汉族服饰的综合归纳，而在内涵方面，作为一种掺杂互联网文化、消费主义文化的怀旧文化符号，在幻想与模仿中经由媒介技术再现。历史意义上的汉服不再适用于当代，所以当代的汉服复兴者根据实际需求和当代审美理念重新构建了汉服体系，这个过程在复原派和改良派的博弈中进行，兼具本质主义与建构主义倾向。当代汉服复兴也受到互联网亚文化的影响，汉服复兴者通过构建汉服圈子独有的风格来实现身份认同，创造文化资本。当代汉服在成为文化资本后，吸引商家将资本转化为汉服商品并打上"传统服饰"符号标志，吸引汉服爱好者购买。基于消费文化视角，有学者将"当代汉服"限定在2003年后被生产出来的供消费者选择且被商家不断改良的汉服体系。社交媒体与古装影视剧为当代汉服提供了一种对历史的幻想。汉服经美化和包装，带有唯美色彩，"汉元素""改良汉服"便是对这一倾向最好的体现。汉服复兴者身着当代汉服在镜头前进行表演，由此实现当代汉服的展演。

一、"汉洋折中"的概念与社群

有汉服爱好者将"汉洋折中"定义为一种创新，即将中华传统美学

① 周星.本质主义的汉服言说和建构主义的文化实践：汉服运动的诉求、收获及瓶颈[J].民俗研究，2014（3）：130-144.

和当代前卫艺术结合。微博上，@汉洋折衷（中）bot 的置顶微博解释汉洋折中一词是"传统服饰与新风物、新精神"，并将汉服限定为全套明代服饰。其原因之一是，明代服饰是严格的上衣下裳，且在整个汉服体系中相较于其他时代的汉服具有更为丰富的文物参考，正统性上的争议较少；原因之二是，这也源自对晚明时期的想象，即"明制汉服自然地传承到了近代。而且近代中国维新改良派大获成功，引进西方艺术风格，将其和本土艺术交融，演变出汉洋折中风潮"。值得注意的是，汉洋折中虽然倡导汉服和洋物的融合，但又在穿着主体和时代背景上根本区别于清代"西风东渐"的服饰浪潮。在此，著者基于研究对象 @汉洋折衷（中）bot，在其定义的汉洋折中范围内进行考察，且现实中观察到的汉洋折中实践者也多身着明制汉服，故将汉洋折中的着装范围限定在明制汉服中。

当代的汉服复兴运动通过汉服实践活动达到建构主义目的，期许寻找汉服的日常化和现代化，汉洋折中便是一种建构主义的审美实践。汉洋折中的服饰主体为传统服饰，辅以洋物（洋鞋、洋包、洋帽等），是传统为体、洋为中用的元素碰撞。汉洋折中实践者还会穿着传统服饰走进当代场景，最具有代表性的实践活动就是穿着汉服去旅行。2016 年，在微博上，"穿着汉服去旅行"的词条曾在网络上引起诸多汉服爱好者效仿。

汉洋折中不仅是汉服爱好者的审美实践，也是汉服圈的一部分。在微博上有属于汉洋折中的超话，且涌现了一批推崇汉洋折中的微博用户，类似 @汉洋折衷（中）bot 的还有大朙时尚搭配频道、时尚日常汉服 bot 等账号，虽然并非像 @汉洋折衷（中）bot 那样专注于汉洋折中，但也成为其投稿的重要部分。除此之外，B 站、小红书上的汉服网红也开始创作与汉洋折中相关的内容。汉洋折中不仅是一种穿搭风格，更吸引汉服爱好者组成了独属于汉洋折中的圈子。

本研究以微博账号 @汉洋折衷（中）bot 及其管理的"汉洋折衷（中）"

超话为研究对象进行案例分析，通过田野观察以及文本分析，对此账号下属的博文、图片、视频进行考察。本研究选择其作为研究对象的原因是，汉洋折中的实践群体归属于整个汉服文化圈，虽然汉洋折中是在汉服文化圈中十分流行的时尚风格，但是其实践者四散在各个社交平台，@汉洋折衷（中）bot 是精准定位这类内容、具有一定粉丝基数、在此方面具有针对性的账号。

二、作为符号与景观的当代汉服

"文化符号是指具有特殊精神文化内涵和象征意义的标记，是一个民族或群体的专有文化对外表达的抽象方式和重要载体。"[①] 服饰被看作文化符号的一种。服饰具有物质属性，能够保护人体，维护人的生命力；服饰也具有社会属性，随着社会阶段的变化，其意义也不同，这种不同通过不同样式、材料、颜色来表现。

汉服的文化内涵通过物质形态表现出来。其一，汉服形制的符号意义：汉服反映了传统伦常道德、社会尊卑。汉服的基本特征为上衣下裳、交领右衽、宽袍大袖、隐扣系带，上衣下裳体现了衣为天，裳为地，蕴含"天人合一"的传统思想，宽袍大袖、隐扣系带体现了古人对顺应自然、柔美端庄的美学追求。[②] 其二，汉服色彩的符号意义：汉服的色彩也是社会等级、礼法秩序的体现，如秦代的"玄衣纁裳"，秦始皇规定衣色以黑为最上，唐代官员的等级亦用服饰颜色"紫、绯、绿、碧"来划分，服饰的颜色一直作为中国古人社会地位最直观的体现。其三，汉服纹样的符号意义：汉服纹样的选择来源于现实生活，汉服纹样兼具寓意和象征意义，常与动物、植物相关，如孔府旧藏中的"花鸟裙"以常见的翠鸟、花卉为主题，体现恬静淡雅的审美取向。象征君子姿态的"梅、兰、

① 张晓琳.罗兰·巴特符号学视阈下的服饰符号研究：以汉服为例 [D].哈尔滨：黑龙江大学，2017.

② 冯淑梅."符号"与"寓意"：论汉服文化的现代复兴 [J].北京文化创意，2021(1)：4–9.

竹、菊"也被广泛运用于汉服之中。除此之外，象征福禄的葫芦、象征长寿的龟背也被运用于服饰纹样中。

日月星辰、草木鸟兽皆可被用作汉服装饰题材，这也体现了古人对图腾文化的崇拜。当代汉服依旧承载着文化符号的意义和作用，但当代汉服的社会意义以及穿着目的不同于古代，其符号意义也有变化。虽然人们在汉洋折中的穿搭实践中，一再强调穿着规范的传统服饰，也就是正统的上衣下裳体系的传统汉服，但汉服蕴含的"天乾地坤"的意义早已被弱化，并且在实际穿着中被重构。汉服的色彩也是如此，中国社会不再是封建社会，所以汉服色彩原本承载的等级观念也被现代化的意义替代，比如，在汉洋折中穿搭实践中，万圣节期间，汉服爱好者会穿着具有万圣寓意的紫色、黄色服饰，此时紫、黄的色彩含义被从原本的"天子、权贵"改为西方的节日文化意义。与此同时，汉服的文化符号意义也从彰显社会等级转向寻求身份认同，汉服爱好者用"同袍"称呼彼此，通过在互联网建立汉服趣缘群体、举办汉服走秀、创办"华服日""西塘汉服文化节"等多种线上线下实践，彰显自己汉服复兴者的身份，通过仪式构建共同的文化认同。

居伊·德波在《景观社会》一书中描述了一种视觉先于其他感官的概念，大众传播时代的西方社会，由于大众传播媒介的大量介入，人们生活中的一切都以视觉的形式表现出来，生活的各个方面呈现为景观的大量累积。德波所说的景观主要取作"被人观看的事物的表象之意"，而非自然景色。

三、拼贴、置换与同构：从汉洋折中看当代汉服的符号创新

拼贴就是将各种现成的具有不同风格的物体拼凑在一起。汉洋折中穿搭实则可以被看作对服饰元素的拼贴。汉洋折衷（中）bot 的置顶微博提出两种主要的汉洋折中实践方法："传统与时尚""传统与现代"。其微

博在"传统与时尚"部分提出一种混搭的穿着方式，即从字面理解汉洋折中："在主体为传统服饰的前提下，小物（首服、足服、配饰等）搭配和妆造随君心意，欢迎洋物（洋鞋、洋帽、洋包、洋配饰等）混搭。"所谓洋物主要指的是蕾丝、礼帽等看起来与传统汉服不相符的西洋服饰元素。在汉洋折衷（中）bot 2019 年 5 月转发的 @浅酌花下的投稿微博中，该投稿人身着瞳莞汉服的明制马面，并在文案中这样描述自己的穿着："蕾丝伞，lolita 发箍，中古包，西班牙扇，钩针手套。"这样的搭配就是汉洋折中爱好者认为的非常典型的汉洋折中。西洋元素的加入在汉洋折中爱好者看来是新颖、前卫的混搭风格，能够彰显其不同以往的汉服穿着思路。他们将不同文化语境中的文化符号组合在一起，突出的是他们对自身以及汉服文化的想象。这种直接挪用的穿搭审美具有"拿来主义"倾向，即不假思考，直接使用西洋文化符号，将其与汉服进行结合，在这个层面上虽然效仿了"和洋折衷（中）"，但其内核依旧是烦琐的、守旧的，而非日常的、现代的。

拼贴还有一种途径，就是在坚持传统形制、版型优良的前提下，运用新面料、新纹饰。这种方式的汉洋折中扩展了"洋"的意义，不仅将西洋的服饰元素看作可挪用的对象，也将"洋"的范围扩展到现代，这类拼贴是选择现代时装的元素和汉服进行混搭。例如，汉洋折衷（中）bot 2019 年 9 月的微博认为，"丝巾是优雅的代名词，其使用方法可贯通古今中外"。

汉服的颜色与纹样蕴含的是中华传统文化内涵，具有鲜明的礼制色彩。汉服具有完整的颜色体系，能够昭示穿着者的身份地位。[①] 中国的五色体系受到道家五行学说的影响，将色彩划分为正色和间色，正色是指"青、赤、黄、白、黑"五种纯正的颜色，间色为"红、缥、紫、流黄"。古人视正色为高级色彩，并且认为其代表显赫的地位，秦代天子祭服为黑色，唐代天子着正黄色服饰，正黄色象征皇室权威。而当代汉服

---

① 李晰 . 汉服论 [D]. 西安：西安美术学院，2010.

不再与等级地位挂钩，在消解了色彩尊卑的同时，具有了新的色彩内涵。比如，孔子在《论语·阳货》中批评齐桓公喜爱紫衣，引起全国人效仿，破坏了等级秩序，造成了礼崩乐坏："恶紫之夺朱也，恶郑声之乱雅乐也，恶利口之覆邦家者。"紫色又随着道教的发展，成为高贵之色。在汉洋折中中，紫色、黑色常被用在万圣节的场景中。汉洋折衷（中）bot 的"他山之石"话题就曾探讨过这些色彩。汉洋折中爱好者将传统色彩放置在西洋节日的环境下思考，突出的色彩符号不再与等级、尊卑有关。除此之外，汉洋折中爱好者的审美实践也不拘泥于从传统色彩里寻找思路。克莱因蓝来自艺术家伊夫·克莱因（Yves Klein）。这种现代化的色彩2021 年风靡时尚界。汉洋折中爱好者将这种纯粹的蓝运用在服饰搭配上。

在纹样方面，中国古代的纹样亦有鲜明的礼制等级。补子是明清时期官服上的鸟兽纹样，可追溯到唐代武则天执政时期，当时的官员着绣袍，文官绣禽，武官绣兽。《明会典》记录了洪武二十六年（1393）定文武官常服和补子："公、侯、驸马、伯，麒麟、白泽，文官一品、二品仙鹤、锦鸡。"在古代，服饰纹样用于规范等级秩序，也与身份地位有关，但在当代汉服中虽然有的纹样（如仙鹤、麒麟、凤凰）仍在被使用，不过它们的符号含义已被"幸福""吉祥"等美好意义取代。汉洋折中爱好者在服饰纹样上也在探讨创新的可能。

四、日常、穿越与节庆：汉洋折衷（中）bot 上的汉服景观

Bot 是 robot 的缩写。"微博人工 bot 是围绕特定主题、筛选投稿并发布的内容众筹性微博账号，具有固定、多样、细分的主题，在生产方面依靠粉丝投稿，在运营方面坚持'去人格化'运营。"[①] 汉洋折衷（中）bot基于一种自组织的内容生产模式，以粉丝自发投稿、微博主选用的方式进行内容产出。汉洋折中爱好者穿着符合 bot 选稿要求的服饰在线下进行

---

① 　陈若茵 . 内容众筹与情感共振：微博人工 bot 兴起原因探析 [J]. 科技传播，2021，13（15）：123-125，136.

表演，或呈现日常生活情节，或举行节庆的仪式，或再现异时空的场景。他们在镜头前进行表演后，将所生成的视频、图片、文字投稿给 bot，进而使他们的线下体化实践变成线上刻写实践，并将生成的内容通过微博的九宫格、短视频、文案等方式呈现，经由观看者转发、评论，进而实现媒介化的景观。节点的投稿者、bot 和 bot 中的观看者在趣缘群体的社交互动中，或讨论，或效仿，给汉洋折中带来更多话题，带动更多的人进行具身展演、再投稿，最终形成一个趣缘群体的内部闭环生产过程。

镜头成为汉洋折中实践媒介化的中介，汉服爱好者在进行线下展演后，将展演过程用九宫格、短视频以及文案的方式留存于微博中。汉洋折衷（中）bot 作为自组织生成内容的账号，投稿方式不同于其他微博人工bot 后台匿名化的投稿方式，投稿者需先将九宫格图片、视频、文案在自己的微博发布，随后运用 @ 功能向汉洋折衷（中）bot 投稿。在这个过程中，一般投稿者不只会选择一个账号进行投稿，而会选择多个账号进行投稿，例如，@ 仙鹿碧玉汤在有关成都博物馆的投稿中不仅 @ 了汉洋折衷（中）bot，还 @ 了 @ 说给大明服饰、@ 时尚日常汉服 bot 等多个账号。汉洋折衷（中）bot 会根据投稿内容的规范程度和趣味性进行筛选，并转发投稿者原微博，在转发的文案中又会对其内容进行运用，例如，对"汉洋折衷（中）·博物馆奇遇"这样的话题标签进行分类链接。一旦投稿者的内容被汉洋折衷（中）bot 采用、转发，原微博主的内容就会成为汉洋折衷（中）bot 账号展示的对象，这些不同的内容在微博话题标签的串联下，又将形成一个以汉洋折中为主题、有不同分支的内容网，投稿者和其投稿的内容便是该网络上的节点，通过这样的流程逐步实现媒介化生存。

（一）汉服融入日常生活

戈夫曼（Goffman）在《日常生活中的自我呈现》中提出的"拟剧理论"将人的日常生活比作基于社会这个舞台的表演，每个人都是其中的演员。"微博表演指网络用户在微博平台上的一种选择性地呈现理想化自我的行为方式。"① 微博兼具视频、图片、文字的功能，微博用户将自己的日常生活美化后，通过评论、转发、点赞等功能满足自我认同与窥私欲。汉洋折衷（中）bot 鼓励投稿者"穿着传统服饰，搭配传统首服、足服及配饰，配以现代情景，碰撞出突兀与和谐的微妙反应"，也就是让爱好者将汉洋折中风格带入日常生活，如乘坐交通工具、游览博物馆、逛商场等。Bot 开设专门话题"博物馆奇遇"，用于收录汉洋折中爱好者在博物馆中的所见所闻。在日常生活中，投稿者以自身为主体与建筑、展品、场景进行互动，并进行服饰展示与拍摄。

（二）异时空场景穿越

汉洋折中爱好者将在异国他乡穿着汉服看作一种文化的传递。在跨文化的场景中，汉服成为一种对民族身份、价值观体系认同的符号。海外华人在多元身份切换时，会产生对本民族身份的迷茫和困惑，出现"文化的乡愁"等现象，汉服穿着的异域化实际上是文化寻根与文化自信的体现。② 大洋彼岸的汉洋折中实践主要集中于节庆和特殊景点，身处异域的投稿者将在西方节日身着汉服的照片发布在微博上，传统的汉服和西方节庆出现的"化学反应"并不突兀，符合文化传播的"横向"和"纵向"原则，即"不同文化的接触和借用"和"知识、观念和价值观在同一文化中的传承"。③

除了在地域上突破穿着限制外，汉洋折中爱好者还尝试利用当代媒介技术再现古代场景。例如，鱼灯是传统民俗舞蹈中的道具，辛弃疾的《青玉案·元夕》中的"宝马雕车香满路。凤箫声动，玉壶光转，一夜鱼龙舞"反映了古代元宵节舞鱼灯的景象。在 @南宁汉服小组在"衣冠岁

① 靖鸣，周燕．网民微博表演：基于自媒体平台的自我理想化呈现[J]．新闻大学，2013（6）：118-122.

② 高雅．汉服复兴运动的审美与实践问题研究[D]．南京：南京大学，2019.

③ 徐婉莹．汉服文化跨文化传播与国家形象建构[J]．文化产业，2021（14）：73-75.

时记"话题中投稿的视频中，元宵游灯会手持鱼灯进行嬉闹的场景有意还原诗词中的元宵节民俗，这是对古人生活的想象与模仿。

（三）特定节庆的展演

当代汉服不再与礼法直接相关，当代的汉服运动不需要重构汉服象征身份地位的符号。然而在这种消解中，当代汉服的穿着者重构着汉服仪式化的一面。汉服爱好者将传统节庆看作穿着汉服的场景，并用传统礼仪进行汉服展演。例如，农历二月举行"花朝节"仪式，汉服爱好者会以百花为题材进行汉服的穿着并拜花神、赏花。时令节气也成为汉服展演场景。@一筐小桃的投稿写道"二月二，龙抬头"，并用九宫格展示自己的服饰。Bot在接收投稿后，将其收录于"衣冠岁时记"中，并转发为"早春的颜色"。节日庆典等象征仪式能够让群体强化记忆。[①] 汉洋折中爱好者在这种节庆化的仪式里巩固自己的群体身份，也向其他观看者展示自己认为的传统，并且身体力行，以实现汉服现代化穿着的合理性。

五、社交化的展演互动促成传统文化符号的活态传承

汉洋折衷（中）bot除了构建起一个以汉洋折中为主题的内容网以外，也汇聚了汉洋折中爱好者并形成一个关系网。微博作为社交媒体平台，通过转发、评论、私信、点赞等功能将用户串联起来。用户不仅可以根据自己的喜好选择关注的博主，还能够通过对自己的印象管理吸引有相同兴趣的其他用户。汉洋折衷（中）bot的粉丝将通过媒介技术美化后的现实自我转变成"理想中的自我"投稿在此账号上，并吸引其他的爱好者观看，正是基于微博可编辑的九宫格、短视频、文案全方位固化自己汉洋折中爱好者的身份，被bot转发将这种身份进一步展示给其他爱好者，在这种看与被看中形成圈子内的交流、互动并获得圈内的公开性和认可性。

---

① 哈布瓦赫.论集体记忆[M].毕然，郭金华，译.上海：上海人民出版社，2002：311.

对于圈层细分型 bot 账号来说，它们扮演的角色就是该主题圈层文化的传播载体，是圈子内同好的聚集地和阵地之一。^① 所以，汉洋折衷（中）bot 又可被看作汉洋折中爱好者的社交基地。汉洋折中爱好者会在 bot 转发的内容下对投稿者的内容进行评论，发表赞美或调侃的意见。Bot 对投稿者内容的转发也可被看作一种互动和交流，如转发 @努力减肥的燕燕燕燕子的投稿，bot 在转发文案中对投稿者内容进行评价："很有意境哟。"虽然微博人工 bot 具有去情感化的特点，但汉洋折衷（中）bot 并非完全严格意义上的人工 bot，更像是汉洋折中圈子中匿名化的一位意见领袖，为圈子中的爱好者提供展示和社交的渠道，在展示具有审美取向的汉洋折中范式的同时，为其他爱好者提供实践思路，同时吸引更多的人参与这种汉服审美实践。

从线上的本质主义追求到线下的建构主义实践，汉服复兴者追寻的方向是实现汉服的现代化、日常化。在脱离了礼制等级的时代背景下，汉服不再以一种身份符号而存在，也不能仅仅作为博物馆中被观看的对象而被束之高阁。汉服复兴运动应该是在保持汉服文化内涵基本不变的基础上，结合当代特点，符合时代语境，创新性地将汉服运用于日常生活。汉洋折中借他山之石的经验，通过修改文化符号的内涵，创新性地将汉服运用在现实场景，同时保持着其本质化的一面，并通过互联网将整个汉洋折中圈子嵌入整个汉服亚文化圈内，通过汉服展演吸引更多的汉服爱好者进行这一类型的穿搭尝试。这也启示着，在传统文化符号创新传承时，要考虑其符号意义在当今社会语境的适用性。但汉洋折中这种穿着审美仍有值得思考的地方，如对西方文化符号的直接拼贴，即将西洋文化中常见的服饰元素不加修改地直接挪用到汉服穿着中，这样的做法是否只是将汉服强行和西洋文化符号捆绑，虽然圈子内部的人认为这是一种穿着时尚，但对大众来说这是否也是一种时尚还值得商榷。

---

① 陈若茵.内容众筹与情感共振：微博人工 bot 兴起原因探析 [J].科技传播，2021，13（15）：123-125，136.

参 考 文 献

[1] 刘积仁，佩珀马斯特 . 融合时代：推动社会变革的互联与创意 [M]. 北京：
中信出版社，2013.

[2] BAUMAN Z. *Liquid Life*[M]. Cambridge：Polity Press，2005.

[3] JENKINS H. *Convergence Culture*：*Where Old and New Media Collide*[M].
New York：New York University Press，2006.

[4] 鲍曼 . 流动的现代性 [M]. 欧阳景根，译 . 上海：上海三联书店，2002.

[5] 詹金斯 . 融合文化：新媒体和旧媒体的冲突地带 [M]. 杜永明，译 . 北京：
商务印书馆，2012.

[6] 麦基 . 故事：材质、结构、风格和银幕剧作的原理 [M]. 北京：中国电影出
版社，2001.

[7] 林毓生 . 政治秩序与多元社会 [M]. 台北：台湾联经出版事业公司，1989.

[8] 晏青 . 神话：理解中国传统文化的媒介化生存：基于对电视传播的考察 [M].
北京：中国社会科学出版社，2015.

[9] 鲍伊 . 宗教人类学 [M]. 金泽，何其敏，译 . 北京：中国人民大学出版社，
2004.

[10] 波兹曼 . 娱乐至死 [M]. 章艳，译 . 桂林：广西师范大学出版社，2009.

[11] 莱斯格.免费文化：创意产业的未来 [M].王师，译.北京：中信出版社，
2009.

[12] 吉登斯.现代性与自我认同 [M].夏璐，译.北京：中国人民大学出版社，
2016.

[13] 德波.景观社会 [M].王昭风，译.南京：南京大学出版社，2007.

[14] 库尔德里.媒介仪式：一种批判的视角 [M].崔玺，译.北京：中国人民大
学出版社，2016.

[15] 齐泽克，阿多尔诺.图绘意识形态 [M].方洁，译.南京：南京大学出版社，
2006.

[16] 哈布瓦赫.论集体记忆 [M].毕然，郭金华，译.上海：上海人民出版社，
2002.

[17] 凯尔纳，贝斯特.后现代理论：批判性的质疑 [M].张志斌，译.北京：中
央编译出版社，2001.

[18] 莫利，罗宾斯.认同的空间：全球媒介、电子世界景观与文化边界 [M].司艳，
译.南京：南京大学出版社，2001.

[19] 郭于华.仪式与社会变迁 [M].北京：社会科学文献出版社，2000.

[20] 戴锦华.电影批评 [M].北京：北京大学出版社，2004.

[21] 柯林斯：互动仪式链 [M].林聚任，王鹏，宋丽君，译.北京：商务印书馆，
2009.

[22] 霍布斯鲍姆，兰杰.传统的发明 [M].顾杭，庞冠群，译.南京：译林出版社，
2020.

[23] 德勒兹，迦塔利.什么是哲学？[M].张祖健，译.长沙：湖南文艺出版社，
2007.

[24] 彭兰.中国新媒体传播学研究前沿 [M].北京：中国人民大学出版社，
2010.

[25] 哈特利 . 创意产业读本 [M]. 曹书乐，包建女，李慧，译 . 北京：清华大学出版社，2007.

[26] 波德里亚 . 消费社会 [M]. 刘成富，全志钢，译 . 南京：南京大学出版社，2014.

[27] HERMAN D. *Basic Elements of Narrative*[M].Chichester：Wiley-Blackwell，2009.

[28] 陈阳 . 大众传播学研究方法导论 [M].2 版 . 北京：中国人民大学出版社，2015.

[29] 朱光潜 . 我与文学及其他·谈文学 [M]. 北京：中华书局，2012.

[30] 波斯特 . 第二媒介时代 [M]. 范静哗，译 . 南京：南京大学出版社，2005.

[31] 赫斯蒙德夫 . 文化产业 [M]. 张菲娜，译 . 北京：中国人民大学出版社，2007.

[32] MURRAY H. *Hamlet on the Holodeck*：*The Future of Narrative in Cyberspace*[M]. New York：The MIT Press，1997.

[33] 莱文森 . 数字麦克卢汉：信息化新纪元指南 [M]. 何道宽，译 . 北京：社会科学文献出版社，2001.

[34] 陈格雷 . 超级 IP 孵化原理 [M]. 北京：机械工业出版社，2020.

[35] 王秦 . 网络游戏场景造型设计中传统文化的体现 [J]. 文化产业，2022（2）：25-27.

[36] 王瑛 . 回顾与展望：跨媒介叙事研究及其诗学建构形态考察 [J]. 中国文学研究，2016（4）：16-21.

[37] JENKINS H. Convergence? I diverge[J]. *Technology Review*，2001，104（5）：93.

[38] JENKINS H. Transmedia storytelling：Moving characters from books to films to video-games can make them stronger and more compelling[J]. *Technology Review*，2003（1）：17-24.

[39] 陈先红，宋发枝.跨媒介叙事的互文机理研究[J].新闻界，2019（5）：35-41.

[40] 王传珍.互联网时代的 IP 经济[J].互联网经济，2015（12）：62-69.

[41] 杨春时."日常生活美学"批判与"超越性美学"重建[J].吉林大学社会科学学报，2010，50（1）：94-102，159-160.

[42] 施畅.地图术：从幻想文学到故事世界[J].文学评论，2019（2）：48-59.

[43] 文香.文物建筑活化利用的新模式探析：以广州市锦纶会馆为例[J].广东经济，2021（11）：80-85.

[44] 陈萱.文化认同与符号消费：博物馆文创的符号建构研究[J].东南传播，2022（1）：86-88.

[45] 彭兆荣.人类学仪式研究评述[J].民族研究，2002（2）：88-96，109-110.

[46] 刘巍.河南省沉浸式文旅消费业态发展现状研究[J].河南工学院学报，2022，30（2）：54-57.

[47] 周宪.现代性与视觉文化中的旅游凝视[J].天津社会科学，2008（1）：111-118.

[48] RYAN M L. Transmedia storytelling: Industry buzzword or new narrative experience[J]. *Storyworlds: A Journal of Narrative Studies*, 2015, 7（2）: 1-19.

[49] 尚必武.叙事学研究的新发展：戴维·赫尔曼访谈录[J].外国文学，2009（5）：97-105，128.

[50] THON J N. Converging worlds: From transmedial storyworlds to transmedial universes.[J]. *Storyworlds A Journal of Narrative Studies*, 2015, 7（2）: 21-53.

[51] 李诗语.从跨文本改编到跨媒介叙事：互文性视角下的故事世界建构[J].北京电影学院学报，2016（6）：26-32.

[52] 祝光明.试析跨媒介叙事的两种路径：以角色为中心与以故事世界为中心 [J].当代电视，2020（8）：29-34.

[53] 李博雅."活化"语境下唐妞的诞生、成长与未来 [J].中国博物馆，2019（4）：85-91.

[54] 朱大可.上海世博的器物叙事：器物文化遗产的遗忘、拯救与复兴 [J].河南社会科学，2010，18（5）：54-59，234.

[55] 蔡琴.物与记忆：论博物馆的器物研究 [J].国际博物馆（中文版），2011，63（1）：32-38.

[56] 梁梅.致用为本，简雅素朴：中国传统器物设计美学观 [J].中国文学批评，2018（3）：46-54，158.

[57] 葛佳琪，于炜，王婷.故宫文创产品设计解析及借鉴意义研究 [J].设计，2018（5）：103-105.

[58] 阿斯曼，金寿福，黄晓晨.文化记忆：早期高级文化中的文字、回忆和政治身份 [J].史学理论研究，2015（3）：49.

[59] 周宪."读图时代"的图文"战争" [J].文学评论，2005（6）：140-148.

[60] 罗立兰.符号修辞：基于IP电影的跨媒介互文传播解读 [J].东南传播，2017（5）：8-10.

[61] 王宇，童兵.微传播：当代媒体的新集群：2014年微传播发展扫描 [J].新闻爱好者，2015（1）：9-14.

[62] 彭兰.碎片化社会背景下的碎片化传播及其价值实现 [J].今传媒，2011（10）：9-11.

[63] 汤雪梅.微内容对互联网的价值重构 [J].国际新闻界，2006（10）：55-58.

[64] 方凌智，沈煌南.技术和文明的变迁：元宇宙的概念研究 [J].产业经济评论，2022（1）：5-19.

[65] 杜骏飞.存在于虚无：虚拟社区的社会实在性辨析 [J].现代传播，2004（1）：73-77.

[66] 张之沧.虚拟空间与"人、地、机"关系[J].南京师大学报（社会科学版），
　　　2015（1）：5-12.

[67] 陈波，穆晨.互联网条件下虚拟公共文化空间模式研究[J].艺术百家，
　　　2019，35（1）：61-69.

[68] 安萧宇，凡婷婷.新主流电视剧的叙事机制：青年话语、梦想叙事与认同
　　　弥合[J].现代传播（中国传媒大学学报），2022，44（8）：112-118.

[69] 周晓虹.中国青年的历史蜕变：国家与社会关系的视角[J].江苏社会科学，
　　　2015（6）：71-78.

[70] 徐翔.在线仪式：传统文化的网络新构建[J].国际新闻界，2011，33（4）：
　　　68-73.

[71] 潘忠党，於红梅.阈限性与城市空间的潜能：一个重新想象传播的维度[J].
　　　开放时代，2015（3）：140-157，8-9.

[72] 薛艺兵.对仪式现象的人类学解释（上）[J].广西民族研究，2003（2）：
　　　26-33.

[73] 展威震，李开渝，张聪.纪录片中的媒介仪式与国家认同研究：以《行进
　　　中的中国》为例[J].新闻爱好者，2022（3）：64-66.

[74] 王莉.符号、仪式、剧场：当代中国舞蹈象征研究的路径回顾[J].四川戏剧，
　　　2020（10）：152-157.

[75] 张方敏.仪式传播场域论纲：对传播仪式观研究支点的探索[J].当代传播，
　　　2015（5）：18-20，49.

[76] 敖成兵.青年网络亚文化的温和抵抗：特质、缘由及审视[J].当代青年研究，
　　　2019（2）：78-84.

[77] 宝木笑.复兴与新生：审美回归背后的不死国风[J].今日教育，2018（1）：
　　　64-67.

[78] 储文韬.短视频行业用户内容生产专业化（PUGC）模式探究[J].淮南师范
　　　学院学报，2019，21（6）：38-42.

[79] 郑洁.梨视频内容生产的 PUGC 模式及启示 [J]. 传媒，2021（9）：57-59.

[80] 周荣庭，管华骥.参与式文化：一种全新的媒介文化样式 [J]. 新闻爱好者，2010（12）：16-17.

[81] 刘仲严.微型流行视觉文化社群的自主创造性创造力 [J]. 艺术教育研究，2008（15）：1-32.

[82] 王斌.从多元主体到参与式网络：媒介生产的空间扩散 [J]. 新闻大学，2011（2）：89-93.

[83] 杨玲.媒介、受众与权力：詹金斯的"融合文化"理论 [J]. 山西大学学报（哲学社会科学版），2011，34（4）：64-70.

[84] 丁建新，朱黎黎."根茎"、新媒体与青年亚文化景观 [J]. 江西师范大学学报（哲学社会科学版），2021，54（2）：127-133.

[85] 喻国明，石韦颖，季晓旭.网络时代粉丝群的形成与衍化机制初探：以自组织理论为视角的分析 [J]. 青年记者，2019（13）：37-40.

[86] 洪学婷，黄震方，陈晓艳，等.场所叙事视角下乡愁的多维解构与影响机理：基于新民谣歌词与评论的分析 [J]. 地理科学，2021，41（1）：55-63.

[87] 胡疆锋，陆道夫.抵抗·风格·收编：英国伯明翰学派亚文化理论关键词解读 [J]. 南京社会科学，2006（4）：87-92.

[88] 周星.本质主义的汉服言说和建构主义的文化实践：汉服运动的诉求、收获及瓶颈 [J]. 民俗研究，2014（3）：130-144.

[89] 李有军.新媒体场域媒介生态与主体身份延异 [J]. 现代传播（中国传媒大学学报），2020，42（6）：69-73.

[90] 陈彧.从文本再生产到文化再生产：新媒体粉丝的后现代创造力 [J]. 学术论坛，2014，37（2）：129-132.

[91] 徐婉莹.汉服文化跨文化传播与国家形象建构 [J]. 文化产业，2021（14）：73-75.

[92] 陈若茵.内容众筹与情感共振：微博人工 bot 兴起原因探析 [J].科技传播，
2021，13（15）：123-125，136.

[93] 冯淑梅."符号"与"寓意"：论汉服文化的现代复兴 [J].北京文化创意，
2021（1）：4-9.

[94] 靖鸣，周燕.网民微博表演：基于自媒体平台的自我理想化呈现 [J].新闻
大学，2013（6）：118-122.

[95] 何道宽.媒介革命与学习革命：麦克卢汉媒介理论批评[J].深圳大学学报(人
文社会科学版)，2000（5）：99-106.

[96] 于文.论跨媒介叙事的版权问题与对策 [J].出版科学，2016，24（2）：
20-24.

[97] 黄灿.讲述与展示的诗学：跨媒介叙事的两条路径[J].文化与诗学,2017(1)：
188-206.

[98] 张晗.《白蛇 2：青蛇劫起》的跨媒介叙事创新 [J].电影文学，2022（1）：
144-146.

[99] 陈铮.传统文化在当代短视频中的传承策略研究：以抖音朱铁雄国风变装
短视频为例 [J].新闻文化建设，2022（24）：24-26.

[100] 盘剑.《白蛇 2：青蛇劫起》："改写"、建构与突破[J].当代电影，2021(9)：
16-19，182.

[101] 瑞安，杨晓霖.文本、世界、故事：作为认知和本体概念的故事世界 [J].
叙事理论与批评的纵深之路，2015（0）：32-42.

[102] 喻国明.数字技术革命视域下中国传媒生态的重构 [J].现代视听，2022
（9）：41-46.

[103] 胡馨麓，彭哲.新媒介赋权下传统手艺人的短视频传播策略探究：以抖
音账号"创手艺"为例 [J].新闻研究导刊，2021，12（23）：59-61.

[104] 纪莉，林琦桁.技术赋能视角下主流媒体短视频传播路径研究 [J].中国广
播，2022（3）：9-14.

[105] 彭华新 . 作为社会阶层抗争的网络影像反讽研究 [J]. 新闻与传播研究，2018，25（3）：52–71，127.

[106] 赵艳，袁港，王健 . 受众需求视角下中国传统文化短视频传播策略优化 [J]. 传媒，2022（19）：93–95.

[107] 叶凯 . 中国神话叙事作品改编的跨界迁变与逻辑递进 [J]. 电影新作，2021（1）：64–73.

[108] 高贵武，葛异 . 拼贴与共享：青年社交平台上的知识传播：基于 B 站知识区短视频的呈现方式考察 [J]. 当代传播，2021（6）：72–76.

[109] 白龙，骆正林 . 沉浸式网络、数字分身与映射空间：元宇宙的媒介哲学解读 [J]. 阅江学刊，2022，14（2）：68–77，173.

[110] 陈建兵，王明 . 论新时代意识形态的"中国话语"及其意义 [J]. 北京工业大学学报（社会科学版），2021，21（1）：106–113.

[111] 沙垚 . 乡村文化传播的内生性视角："文化下乡"的困境与出路 [J]. 现代传播（中国传媒大学学报），2016，38（6）：20–24，30.

[112] 王博 . 弥合文化缝隙：电视综艺节目的内容建构与意义抵达 [J]. 电视研究，2021（5）：23–26.

[113] 冷淞，刘旭 ."新国风"综艺节目的叙事路径与美学特质 [J]. 现代传播（中国传媒大学学报），2022，44（12）：89–96，113.

[114] 何佳 . 非遗手作的实践途径与社会美育价值分析 [J]. 当代美术家，2023（2）：14–19.

[115] 刘超 . 现代性困境的突围：从审美现代性到日常生活审美化 [J]. 柳州师专学报，2010，25（4）：13–15.

[116] 刘方喜 . 文学性·碎片化·分享主义平台：微信的技术文化哲学分析 [J]. 江海学刊，2016（5）：174–178.

[117] 李丽娅 . 四川博物院馆藏文物的"萌"化解读及创新设计 [D]. 成都：四川师范大学，2018.

[118] 王雅倩．《哈利·波特》的跨媒介叙事研究 [D]．青岛：青岛大学，2020．

[119] 张瑾婷．从"经典"到"日常"的审美转型：对当代文创产品的影响与
启示 [D]．无锡：江南大学，2016．

[120] 孟凡生．从"静观"到"介入"：论审美经验的当代建构与复兴 [D]．上海：
华东师范大学，2017．

[121] 刘群．德勒兹"生成"文学研究 [D]．哈尔滨：哈尔滨师范大学，2020．

[122] 高雅．汉服复兴运动的审美与实践问题研究 [D]．南京：南京大学，2019．

[123] 高子茜．汉服运动中改良派与复原派的博弈 [D]．上海：华东师范大学，
2019．

[124] 张晓琳．罗兰·巴特符号学视阈下的服饰符号研究：以汉服为例 [D]．哈
尔滨：黑龙江大学，2017．

[125] 干舒萍．马克思主义视觉文化理论视阈下的时尚媒介影像研究 [D]．上海：
东华大学，2017．

[126] 刘华鱼．居伊·德波景观理论之异化视角分析 [D]．上海：东华大学，
2016．

[127] 李晰．汉服论 [D]．西安：西安美术学院，2010．

[128] 林靖娴．社交媒体"三农"短视频传播研究 [D]．长沙：湖南大学，2020．

[129] 尹韵公，明安香．传播学研究：和谐与发展 [C]．北京：新华出版社，
2006．

[130] 凯瑞．作为文化的传播："媒介与社会"论文集 [C]．丁未，译．北京：华
夏出版社，2005．

[131] 常州博物馆．传承与创新：地方性博物馆变革与发展学术研讨会议论文
集 [C]．南京：南京出版社，2018．

后　记

本书写作得到国家自然科学基金面上项目"数字创意产品多业态联动开发机理及模式研究"（项目批准号：71874142）的支持。

书中案例部分由西华大学中国语言文学（文艺学方向）硕士研究生杨柳、尹金燕、黄细兰，新闻与传播专业硕士研究生梁思超、冯扬清，网络与新媒体专业本科生蒋怡佳、周希冉等七位同学协助完成。

陈　彧

2023 年 6 月